유 헌 시조에세이

낙엽은 져서
지는 게 아니다

시조에세이 036

낙엽은 져서 지는 게 아니다

초판 1쇄 인쇄 | 2025년 09월 01일
초판 1쇄 발행 | 2025년 09월 05일

지음 유헌
펴낸이 문정영
펴낸곳 시산맥사
편집주간 김필영
편집위원 최연수 박민서
등록번호 제300-2013-12호
등록일자 2009년 4월 15일
주소 03131 서울특별시 종로구 율곡로 6길 36. 월드오피스텔 1102호
전화 02-764-8722, 010-8894-8722
전자우편 poemmtss@naver.com
시산맥카페 http://cafe.daum.net/poemmtss

ISBN 979-11-6243-622-6 (03810) 종이책
ISBN 979-11-6243-623-3 (05810) 전자책

값 15,000원

* 이 책은 한국장애인문화예술원의 2025년 장애예술활성화지원사업으로 발간되었습니다.
* 이 책은 전부 또는 일부 내용을 재사용하려면 반드시 저작권자와 시산맥사의 동의를 받아야 합니다.
* 이 책은 교보문고와 연계하여 전자북으로 발간되었습니다.
* 본문 페이지에서 한 연이 첫 번째 행에서 시작될 때에는 〈 표기를 합니다.
* 저자의 의도에 따라 작품의 보조 동사와 합성 명사는 띄어쓰기가 달라질 수 있습니다.

유 헌 시조에세이

낙엽은 져서
지는 게
아닙니다

유 헌 지음

신산맥

■ 책을 펴내며

같은 해에 두 장르를 등단해
수필과 시조를 함께 써왔다.
수필은 풀어 썼고 시조는 압축했다.
수필은 길고 시조는 상대적으로 짧다.
나름대로 장단점이 있다.
장점은 살리고 단점은 보완하며
글을 써온 셈이다.
그간 시조와 수필을 각각 발표해 왔지만
이번 수필집에 그들을 한데 모았다.
시조와 수필이 만났다.
시조 작품성을 떠나
이야기가 있는 비교적 쉬운 나의 글들을
수필로 풀었다.
여기 싣는 작품들은
대부분 시조를 먼저 쓰고
그 주제로 수필을 썼지만
반대의 경우도 있다.

시조를 쓰다 보니
자연스럽게 수필에도
운율이 들어갔다.
그래서 이번 작품집에
'시조 에세이'라는
이름을 붙였다.

2025년 초가을 아침에
강진달빛한옥마을 휘영청에서 유헌

■ 차례

제1부
말 그리고 말

벌과 벌	15
드므가 가라사대	19
말 그리고 말	23
외등	27
매조도를 펼치는 봄	30
받침 없는 편지	35
낙엽은 져서 지는 게 아니다	40
오우무아무아(oumuamua)	44

제2부

별을 읽는 밤

그 여름의 봉숭아	51
별을 읽는 밤	55
강진달빛한옥마을	59
삐비꽃 필 무렵	62
창백한 푸른 점	66
천학, 날다	69
다시, 모란	74

제3부
양말을 대하는 태도에 관하여

새와 나	81
소나들 다리를 거닐며	84
화성으로 간 남자	88
빨대	91
한류, 날개를 달다	95
선학동	99
양말을 대하는 태도에 관하여	106
가상 인터뷰, 독(毒)을 찬 시인, 찬란한 슬픔의 봄 김영랑	110

제4부

노을의 노래

연지석가산(蓮池石假山)	121
노을의 노래	124
월남사지(月南寺址)에서	128
다산(茶山)과 열수(洌水)	132
돌탑 쌓기	137
동목포역에서	140
그해 오월 그리고 오늘	145

제5부

무인기에는 귀가 없다

백운동원림의 봄	159
구강포에 달이 뜨면	163
그 많던 까마귀 떼는 어디로 다 갔을까	166
무인기에는 귀가 없다 10	170
할머니의 입학식	173
월출산	177
절과 절	183

제6부
오래된 시간 속으로

부용산 오리길에	193
다순구미 사람들	215
다시 부르는 노래, 가거도	231

제1부

말 그리고 말

벌과 벌

우리 집 마당가엔 돌확이 둘 있다. 한옥 처마 아래 어깨를 맞대고 나란히 놓여 있다. 돌확을 들인 후 바닥에 흙을 깔고 물을 채웠다. 나름 멋진 돌을 몇 개 골라 섬도 만들었다. 어리연도 심었다. 한때는 두세 마리 금붕어도 놓아길렀다.

살랑대는 물고기는 없어도 돌확이 품은 풍경은 살아 움직인다. 나이 든 오엽송의 무성한 잎새에서 돌확으로 그늘이 흘러내리고 한낮엔 말벌이 조용히 다녀간다. 동그란 돌확의 끝에 매달려 물구나무로 목을 축이고 날아가는 그 말벌의 뒷모습은 마치 절벽의 진달래꽃을 한 아름 꺾어 든 천 년 전 어느 순정한 노인의 몸짓과 겹쳐 있다.

소나기 몇 차례 지나가고 가을이 오면 돌확의 수면 위로 흰 구름이 떠간다. 낙엽 몇 잎 뒤를 따른다. 얼었다 녹았다 돌확이 몸을 풀면 어느새 봄, 어리연이 노란 꽃대를 쭈욱 밀어 올린다. 고목 철쭉은 꽃봉오리 팡팡 터뜨리며 연분홍 물감을 돌확에 쏟아붓는다. 허공을 둘로 잘라 놓은 듯한 자그만 돌확에 우주의 삼라만상이 가득하다.

> 너는 듣고 있느냐 움이 트는 소리를
> 햇살이 타전한 화신을 입에 물고
> 연초록 군단(軍團)이 몰려온다 능선을 넘고 있다
>
> -유헌, 「초봄에 들다」 전문

그렇게 봄은 왔지만 벌들은 오지 않았다. 돌확의 어리연꽃에 벌들이 날아들지 않았다. 산수유나무 꽃술 안에도, 모란꽃 그늘 위에도 벌은 없었다. 소문대로 벌이 사라졌다. 이 꽃에서 저 꽃으로, 개울을 건너고 언덕을 넘어오던 벌들은 다 어디로 갔을까. 누가 윙윙거리던 벌들의 부산한 날갯짓을 멈추게 했을까.

> 벌들이 사라진다 벌로 죽어간다
> 벌들이 왜 벌을 대신 받아야 하나
> 주범은 따로 있는데, 꿀만 빠는…
> 인간들!
>
> -유헌, 「벌과 벌」 전문

기원전부터 우리 인간이 기르기 시작했다는 꿀벌은 꽃이 있는 곳이면 어디든 찾아간다. 한번 나가 자기 몸무게의 3분의 1이나 되는 꿀과 꽃가루를 실어와 벌집에 저장한다. 꿀벌 한 마리가 하루에 찾는 꽃은 수천 송이, 이 과정에서 수술과 암술의 수분이 이뤄져 우리는 과일과 채소를 얻으니 꿀벌은 최고의 농사꾼이다.

그런 베테랑 꿀벌이라 할지라도 꿀을 그냥 얻는 것은 아닌 것 같다. 노력이 눈물겹다. 일을 나갔다 새로운 꽃밭을 발견하면 집에 돌아와 열심히 춤을 춘다. 동료 벌들 앞에서 원형 또는 8자 모양의 엉덩이춤을 추며 꽃이 있는 곳의 멀고 가까움을 알린다. 빙빙 도는 각도로는 꽃이 있는 방향을 가리킨다니 생존을 위한 벌들의 의사소통 언어가 놀랍다.

이처럼 벌은 자연 생태계에서 중요한 역할을 수행하는 곤충이다. 영국 왕립지리학회에서 이 작은 곤충을 지구상에서 가장 중요한 생명체로 선언한 사실만 봐도 그렇다. 유엔도 매년 5월 20일을 '세계 꿀벌의 날'로 지정해 생태계 보호의 첨병이자 인류를 먹여 살리는 큰 일꾼인 꿀벌의 가치를 알리고 있다.

그런데 한옥에 살다 보니 종종 벌로 위협을 느낄 때도 있다. 말벌이 처마에 집을 지을 땐 정말 난감하다. 서까래 뒤쪽의 벌집은 앵앵거리는 소리뿐 눈에 잘 띄지 않아 소방서 도움을 받는 경우가 있다. 지난봄에도 119에서 출동했지만 벌집을 바로 떼지는 못했다. 깊숙한 곳에 집을 지어놨기 때문이다.

소방대원은 나의 동의를 구한 후 사다리를 타고 올라가 곤충 잡는 살충제를 뿌렸다. 얼마 후 기단석 위로 말벌의 사체들이 우수수 떨어졌다. 벌들에게 미안했다. 머리 위로 날아다녀 모른 체할 수 없었지만 나뒹구는 벌들을 보니 안 됐다 싶기도 했다.

그 이후에 안 사실이지만 말벌은 꿀벌의 천적이었다. 꿀벌을 공격해 꿀을 훔치고 벌통을 초토화시켜 꿀벌의 개체 수에 영향을 미치는 앞잡이 중의 하나였다. 생태계에선 나름 곤충의 역할이 있어 처음 말벌에게 가졌던 측은지심도 사라졌다.

꿀벌이 자취를 감추면 어떻게 될까. 당장 지구 생태계의 균형이 붕괴돼 인류가 식량난에 직면하게 될 거라고 전문가들은 경고한다. 전 세계 100대 작물 중 70% 이상이 수정에 의존하고 있을 정도라니까 말이다. 벌이 실종되면 식물도, 초식동물도, 육식동물도, 우리 인간도 줄줄이 멸종될 거라니 생각만 해도 끔찍하다.

지구상에서 왜 벌들이 사라지는 걸까. 여러 원인이 있겠지만 그중에서도 이상 기후를 첫 번째로 꼽는 전문가들이 많다. 꿀벌에게도 기상이변이 가혹한 형벌이라는 얘기다. 갑자기 기온이 내려가면 일 나간 벌들이 얼어 죽고, 환경 파괴로 면역체계가 약화돼 집단 폐사로 이어지기도 한다. 지구온난화가 기후 위기를 부르고 그 이면에 인간의 욕심이 자리하고 있다 하겠다.

그랬다. 우리 집 돌확의 어리연꽃에 벌이 찾지 않은 이유가 있었다. 휴대폰의 전자파든, 살충제든, 지구온난화 때문이든 그 중심에 인간이 있었다. 지구촌 곳곳의 거대한 꿀벌 실종 사건의 용의자는 멀리 있지 않았다. 바로 나였다. 여러 실험 결과들이 이를 증명하고 있다. 달콤한 꿀만 찾는, 편리만 좇는 내가 주범이었다. 꿀벌을 지키는 일이 지구를 살리는 일이고 나를 지키는 일이다.

드므가 가라사대

느닷없이 난데없이 계엄이 발령됐다. 한국에 비상계엄이 내려졌다. 황당한 계엄 선포 소식은 심야에 내외신을 통해 전해졌다. 세계가 경악했다. 급보를 접한 국민이 한밤중, 한겨울에 곳곳에서 국회 앞으로 급히 모여들었다.

그 시각, 무장한 군인들이, 경찰이 국회에 들이닥쳤다. 국회의원들도 속속 국회에 도착했다. 계엄군이 총을 겨누며 앞을 막고 정문은 폐쇄됐다. 시민들은 필사적으로 계엄군을 막아섰다. 국회 담을 넘어 본회의장에 도착한 의원들이 새벽 1시 1분, 가까스로 계엄 해제 결의안을 통과시켰다.

국회의장의 의사봉은 추상같았고, 의사봉을 내리치는 천둥소리가 전 세계에 울려 퍼졌다. 본회의장 가득 함성과 박수가 폭포수처럼 쏟아졌다. 이 상황을 실시간으로 지켜보던 재외교포들도, 국민도 환호했다. 놀란 가슴을 쓸어내려야 했다. 2024년 12월, 21세기 대한민국의 풍경이다. 그리고 위대한 한국민의 응원봉은 역사가 되었다.

어떻게 이런 어처구니없는 일이 일어날 수 있었을까. 세계

10대 경제 강국, K-한류, 아시아 여성 최초의 노벨문학상 수상자를 배출한 문화강국 대한민국에서 말이다. 노벨문학상 수상자 발표 순간의 흥분이 채 가라앉기도 전에 이런 해괴망측한 일을 저지른 자가 현직 대통령이라니 믿을 수가 없다.

해외 나가본 적이 있는 사람들은 누구나 경험했을 것이다. 가는 곳마다 "한국 좋아해요, 한국 가보고 싶어요."라며 우리를 부러워하는 세계인들을 만날 때마다 대한민국이 자랑스러웠을 것이다. 한국민으로서 긍지와 자부심을 느꼈을 것이다.

왜 이런 기괴한 일이 일어났을까. 정치적이든 개인의 망상 때문이든 말도 안 되는 여러 원인이 있겠지만 그렇다고 비상계엄이라니 이게 제정신을 갖고 있는 사람의 판단인가. 아무리 가상현실 망상 속에 갇혀 사는 사람이라도 이럴 수는 없다. 원인은 가까이에 있다. 내 안에 있다. 남 탓보다는 내 탓이라는 자기 성찰이 부족해서이다.

시커먼 탈바가지 뒤집어쓰고 있는
그 꼴에 소스라쳐 다시 또 쳐다보니
삿갓 쓴 시인이 있네, 고개 숙인 나 있네.
하늘에 비친 나는 내 생각의 물그림자,
화마(火魔)를 쫓아내듯 미혹(迷惑)을 싹 무찌를,
굽 낮은 드므 하나쯤 간직하며 살 일이네.

-유헌, 「드므」 전문

드므란 무엇인가. 궁궐 건물 네 귀에 설치해 물을 담아 놓은 큰 독이다. 불의 귀신 화마가 드므에 비친 자신의 흉측한 모습을 보고 놀라 도망친다는 속설이 있어 예부터 궁 등 중요한 목조건물 주변에 설치했다. 드므에 항상 물을 담아 놓음으로써 화재에 대한 경각심을 일깨우는 상징적인 의미뿐만 아니라 비상시 초기에 불을 끄는 효과도 있겠다는 생각이 든다. 이 또한 자랑스러운 우리 선조들의 지혜 아니겠는가. 드므는 가끔 여의도 국회의사당으로 행차해 선량들을 추상같이 꾸짖기도 한다.

> 근엄하게 근정전을 밤낮으로 지키시던, 드므 나리 납시었네 여의도 행차시네, 낯짝이 철판 같다는 그 꼴 보러 출도했네. 대문 옆 좌정하고 요놈조놈 훑는데, 끄나풀들 미리 풀어 기미를 물어갔나, 한사코 게걸음 치며 줄행랑치고 있네. 나절을 허탕치다 독 가에 금실 치자, 대대헌 금배지들 앞다퉈 코를 박고, 물속을 훔치고 있네. 나자빠져 뒹구네. 그려 그려 반나절은 턱없이 부족하지, 돔 지붕 꼭대기의 범종으로 현신하여, 둥 둥 둥 내 몸을 치리, 패거리 날뛸 때마다.
>
> -유헌, 「드므, 행차하다」 전문

드문 일이긴 하지만 드므를 쓰레기통쯤으로 생각하고 담배 꽁초 등을 버리는 사람도 있는 모양이다. 그래서 드므를 투명 뚜껑으로 덮어두는 경우도 있다니 부끄러운 일이다. 이런 못

된 양심을 잡아내기 위해서라도 거울처럼 겉모습만을 비추는 드므보다는 순간순간 마음속에 깃든 삿된 망상까지 비추는 드므가 있었으면 좋겠다.

우리 조상들의 여유와 해학이 깃든 이런 드므를 아예 우리들 모두에게 하나씩 무료로 보급하면 어떨까. 정치인이든 문학인이든 가정이든 사회든 누구든 각자 마음속에 굽 낮은 드므 하나쯤 항상 품고 다니도록 말이다. 말이 보급이지 그냥 내 마음에 내가 간직하면 되니 돈이 들 필요는 없다.

드므의 잔잔한 수면은 하늘을 닮았다. 별이 뜨고 구름이 흐른다. 비와 바람과 햇살과 세상의 소리를 품고 있는 하늘은 거대한 드므의 엎어놓은 모습이다. 눈보라 치는 들판에서도 폭풍우가 휩쓸고 가는 숲속에서도 밤이 깊어도 한낮의 텅 빈 거리에서도 하늘의 드므가 머리 위에서 우리를 지켜보고 있다고 생각해 보라. 보는 눈이 없다고 이상한 짓은 하지 않을 것이다. 자신을 늘 하늘에 비추며 결코 부끄러운 행동은 하지 않을 것이다.

드므는 하늘을 다 담고 있지만 굽은 낮다. 키는 작지만 품은 넓다. 드므처럼 낮게 더 낮게 늘 그 자리를 지키는 품 넓은 사람이 대접받는 사회, 그런 세상을 드므는 천년을 말없이 몸으로 들려주고 있다. 아니, 드므는 내 맘속에 있었다. 내가 나에게 조곤조곤 말하고 있었다.

말 그리고 말

 말 많은 세상이다. 말들이 판을 치고 있다. 내가 하는 말이 있고 남과 나눈 말도 있다. 남의 말을 듣고 전하는 말도 있다. TV도 말 잔치, 스마트폰에서도 말들이 쏟아진다. 정치권의 막말은 가관이다. 갈수록 세지고 있다. 칼춤이 난무하고 있다. 말이 말을 만드는 세상, 이런 세상에서 우리가 살고 있다. 말의 홍수 속에서 우리가 매일 살아가고 있다.

 개인적인 얘기지만 나는 말을 부리며 살아왔다. 말로 월급을 받았다. 말하는 걸 직업으로 삼은 방송사 아나운서였다는 말이다. 그 시절엔 바른 말 고운 말을 달고 살았다. 고상한 말만 골라 썼다. 그런 내 말이 요즘 많이 거칠어졌다. 정치판 얘기만 나오면 열부터 난다. 쌍시옷이 튀어나온다. 그나마 TV에 대고 목청을 높이니 누구랑 당장 다툴 일은 없어 다행이지만 불편하긴 마찬가지이다.

 그런데 나처럼 TV에 큰소리치는 건 그걸로 끝난다. 인간관계에서는 그렇지가 않다. 말로 말미암아 송사를 벌이고 이웃이 원수가 되는 경우도 있다. 그러다 보니 말과 관련된 속담도 많다. '가루는 칠수록 고와지고 말은 할수록 거칠어진다'라는 건 말 많은 걸 경계하고 말을 아끼라는 의미일 게다. '곰은 쓸개 때문에 죽고 사람은 혀 때문에 죽는다'라는 속담도 있다. 말을 조심하라는 말이다.

> 말이라는 이놈, 때론 천방지축이라
> 입술이라는 울타리를 한번 벗어나면
> 어디로 튈지 모르는 야생의 말이 된다.
> 　　　　　　　　　　　　-유헌, 「말 그리고 말」 전문

이처럼 말은 때론 날카로운 무기가 돼 상대의 심장을 찌르기도 한다. 입술을 한번 벗어나면 어디로 튈지 모르는 야생의 말, 야생마가 될 수도 있다. 그래서 잘 다뤄야 한다. '화살은 쏘고 주워도 말은 못 줍는다'라는 속담처럼 한번 내뱉은 말은 다시 주워 담을 수 없으니, 오해를 살만한 말은 자제하고 신중해야 한다.

말은 듣는 것도 중요하다. 내 말만 앞세울 게 아니라 남의 말도 잘 들을 줄 알아야 한다. 그런 면에서 나는 할 말이 별로 없다. 엊그제만 해도 그렇다. 자동차 오일을 교환하러 갔더니 앞바퀴도 갈 시기가 됐다는 것이다. 그래서 타이어 업소를 찾아가 상담하고 결정을 했다. 금액이 많긴 했지만 승차감이 좋아진다는 말만 듣고 선뜻 결제를 했다.

집에 와서 인터넷 검색을 해봤다. 뭐가 좀 맞지 않았다. 업

소에 전화했더니 교환한 타이어가 외국산이라는 것이다. 내가 "소형차에 무슨 외제냐."고 하니까 분명히 나에게 설명했다는 것이다. 내가 흘려들은 게 분명했다. 자동차는 새 바퀴로 이미 잘 굴러가고 있는데 따져봐야 무슨 소용이 있겠는가 싶어 전화를 끊었다. 아내는 "남의 말을 건성으로 듣는 경향이 있다."라며 내가 문제라고 했다. "덕분에 좋은 걸로 바꿨으니 잘 됐다."라고도 했다. 말은 하는 것 못지않게 잘 들을 줄도 알아야 한다는 걸 일깨워준 타이어 사건이었다.

이처럼 말은 중요하다. 말은 필요하다. 인간만이 누리는 특권이다. 말이 없는 세상은 상상할 수도 없다. 세상사 자체가 말로 시작해 말로 끝난다. 그만큼 말은 중요하고 필요하다. 아득한 원시 이전에도 인류가 사용했을 정도로 말의 역사도 깊다.

말은 시대를 반영한다. 인터넷과 함께 성장한 MZ 세대들은 그들만의 낯선 신조어로 대화를 한다. 말을 줄여 사용하기도 한다. 지못미, '지켜주지 못해 미안해'하는 식이다. 은어를 만들어 쓰기도 한다. 신세대들이 자주 쓰는 일상 언어는 이해하기 힘든 것들이 많지만 이걸 알아들어야 꼰대 취급에서 벗어날 수 있다니 참 난감하다.

기성세대의 말에는 어떤 것들이 있을까. 험담, 악담, 괴담, 음담, 밀담, 사담, 잡담, 농담, 미담, 고담, 진담 등의 단어가 스치고 지나간다. 여기서만 보면 부정적인 단어들이 많다. 이게 맞다 틀리다를 떠나 그런 말들이 더 많이 떠오른다는 건 우리 언어생활에 시사하는 바가 있다고 생각한다.

어떻게 보면 말도 말을 닮았다. 긴 혹은 짧은 발음에 따라 뜻은 달라지지만 성질은 비슷하다. 잘 나가다가도 여차하면 돌변한다. 말꼬리를 잡으면 시비로 이어질 수 있고, 말꼬리를 잡으면 뒷발에 차이는 수가 있다. 말은 주거니 받거니 '응응 맞아 맞아' 하며 맞장구를 쳐주면 되고, 말도 말을 잘 알아들으니 '이랴 이럇차차 잘도 간다' 하면 된다. 말도 첫말부터 말 갈퀴를 세우면 서로 언성이 높아지고, 말도 수가 틀리면 말갈기 세워 앞발 들고 대든다.

'말 갈 데 소 간다'라는 말이 있다. 안 갈 데를 간다는 말이다. 우리말도 마찬가지이다. 안 할 말을 하면 곤란하다. 때와 장소, 상황에 따라 할 말과 하지 말아야 할 말이 있다. '비단이 곱다 해도 말같이 고운 것은 없다'는데 좋은 말을 두고 왜 거친 말만 골라 쓰려하는가. 말 한마디에 천 냥 빚을 갚는다고도 하지 않던가.

외등

내가 사는 동네 위쪽에 월남사지(月南寺址)가 있다. 사지는 절터이니 월남사가 있던 터라는 의미일 게다. 월남사는 고려 중기에 진각국사가 창건해 조선 후기에 폐사됐을 것으로 추정되는 사찰이다. 월출산 천황봉을 병풍처럼 거느리고 이 땅에 불심을 전하던 월남사, 그 규모가 지금 봐도 엄청나다. 대가람답게 주변 터가 만여 평은 족히 되어 보인다.

월남사지를 가려면 월남마을을 거쳐야 한다. 원래는 우리 동네도 월남리였지만 마을 아래 30세대 한옥촌이 들어서면서 동이 하나 더 생겨 분가하게 된 것이다. 그래서일까. 큰집 같은 월남리에 항상 정이 간다. 남 같지 않은 각별함을 갖고 있다는 얘기다.

산책할 때도, 산에 갈 때도 월남마을을 지나간다. 10만 평 녹차밭도, 백운동 원림도, 경포대 계곡도 월남마을 너머에 있다. 월남마을에 무슨 일이 있는지도 대충은 안다. 그곳 이장의 스피커 방송을 우리 집 마당에서도 들을 수 있기 때문이다. 뉘 집 자녀가 승진해 동네잔치를 하는지, 안길 풀베기 작업은 언제 하는지, 주민들이 모여 회관에서 무슨 특식을 해 먹는지도 알고 있다.

  월남마을에는 자그만 사찰이 있다. 조붓한 골목길 안쪽에 있어 그리 눈에 띄는 절은 아니다. 그 절 뒷담에 외등이 하나 걸려 있다. 첨엔 별 관심을 두지 않던 그냥 가로등이었다. 한동안 그렇게 무심코 지나쳤다. 어느 애저녁, 갓을 쓴 노란 알전구가 골목을 비추고 있었다. 담장 위에서 쏟아져 내리는 불빛이 내 발길을 밝히고 있었다.

  발길이 뜸해 밤길을 가는 사람에게 더 소중한 외등, 저 불을 밝히는 이 누구일까. 다붓한 담 뒤쪽에 외등을 내다 건 이 누구일까. 절의 담장에 걸려 있으니 물론 스님께서 내다 걸었을 것이다. 유독 인적이 빨리 끊기는 산촌의 저녁, 호젓한 절집을 찾는 이 몇이나 될까. 그래서 스님의 외등은 나보다는 동네 주민들을 위한 배려의 불빛임이 분명했다.

    월남사지 가는 길 인적 뜸한 고샅길

    처마 끝에 풍경(風磬) 걸듯 담장 밖에 갖다 내건

    갓을 쓴 노란 알전구 어둠을 밝힙니다.

    별빛이 하나둘 순아순아 잠이 든 밤

    눈 맑은 비구니의 지붕 낮은 집 뒤에서

    알전구 그 둥근 보시(布施), 무명(無明)을 닦습니다.

                      -유헌, 「외등(外燈)」 전문

이처럼 어두운 길을 밝혀 주는 것도 불교에서 말하는 일종의 보시가 아닐까. 보시란 무엇인가. 자비심으로 다른 사람에게 조건 없이 주는 것을 말한다. 보시를 행할 때는 베푸는 자도 받는 자도, 그리고 베푸는 것도 모두가 본질적으로 공(空)한 것이므로 이에 집착하는 마음이 없어야 한다고 들었다. 그래서 적이 걱정된다. 내가 너무 유난을 떨고 있지 않나 해서다. 스님은 별 의미를 두지 않고 행한 일일 수도 있는데, 아니 그거 자체를 생각해 본 적조차 없을 수도 있는데 내가 이렇게 글로 옮겨서 말이다.

　나는 스님을 잘 모른다. 사찰 이름도 모른다. 골목길에서 몇 발짝 꺾어 들어가면 절의 정문이 있는데도 아직 거길 가보지 못했다. 그러고 보면 나도 참 무심한 사람이다. 가끔 산책길에서 비구니 스님과 스쳐 지나치지만 가벼운 목례가 고작이니 알 길이 없다. 월남마을에 있는 절의 스님이라고 아내가 귀띔을 해줘 그 정도만 알고 있을 뿐이다. 말 한마디 나눠본 적 없지만 스님이 나에게 건넨 말 없는 그 말씀은 깊고도 울림이 있었다.

　외등은 따뜻하다. 조금은 쓸쓸하다. 미처 귀가하지 못한 남편 기다리는 아내의 마음이다. 그렇다. 크고 많은 것만 다가 아니다. 작고 적은 것도 소중할 때가 있다. 그럼에도 위만 바라보고 살지는 않았는지 나를 돌아보게 된다. 저물녘, 골목길 그 외등의 불빛을 밟고 걸으며 나를 다시 돌아보고 싶다. 그 외등 같은 밝은 등불 하나 내 마음에도 켜고 싶다.

매조도를 펼치는 봄

　남도땅 강진에는 다산 정약용의 흔적이 많다. 1801년 동짓달, 한양 남자 다산이 강진에서 유배의 첫 밤을 보낸 곳은 동문 밖 주막이다. 주모가 내준 골방에서 4년을 보낸다. 주모의 배려로 생각, 용모, 말, 행동을 올바로 하는 이가 거처하는 집이라는 뜻의 '사의재'에서 후학을 가르치기 시작한다.
　그 후 백련사 주지 혜장의 도움으로 고성사 보은산방에 짐을 푼다. 그러나 산중의 스승을 안타깝게 여겼는지 제자 이학래가 자신의 집으로 모셔간다. 다산은 보은산방과 강진읍 목리 이학래 집에서 그렇게 4년을 보낸다. 1808년 봄, 귤동마을 만덕산 자락 다산초당으로 처소를 옮긴 후 10여 년 동안 500여 권의 저서를 남긴다.
　다산은 18년의 유배 기간 거처에만 머물지는 않았다. 백성들뿐만 아니라 지역의 지식인들과도 활발하게 교류했다. 백련사 혜장 스님과 차담(茶啖)을 나누며 밤새 주역을 논하는가 하면, 제자들과 월출산 등산을 마치고 백운동 별서정원에 들러 시를 짓고 그림을 그리기도 했다. 유배가 끝나고 고향 남양주로 돌아가기 전엔 제자들과 다신계(茶信契)를 맺기도 했다. 귀양지에서도 주변과 끊임없이 소통하고 인연을 중시했다.

그래서일까. 지금의 대한민국 대통령도 2025년 후보 시절의 경청투어 마지막 날 220여 년 전 다산이 머물렀던 강진 사의재를 찾은 자리에서 정약용 선생의 소통정신을 배우겠다고 했다. 다산은 끊임없이 소통하고, 필요하면 상대 진영의 사람들과도 만나서 함께 연구해 길을 찾았던 사람이라며, 다산의 통합정신을 깊이 새기겠다고도 했다. 그리고 그는 얼마 후 대한민국의 대통령이 됐다.

이처럼 다산은 유배지에서도 곳곳을 오가며 많은 사람들을 만났다. 그중 빼놓을 수 없는 곳이 도암 항촌의 명발당이다. 명발당은 안채와 부속채 등 조선시대 전통가옥의 원형이 잘 보존돼 있어 전라남도 민속유산으로 지정된 해남윤씨 항촌파의 종택이다.

명발당이라는 당호는 22세손 윤광택이 처음 붙인 것으로 전해진다. 명발당(明發堂)이 시경(詩經)의 한 구절 '날이 밝도록 잠을 이루지 못하며 두 분을 그리워하네'(明發不昧 有懷二人)에서 유래됐다니 부모와 선조에 대한 해남윤씨 가문의 효성과 존경의 마음을 읽을 수 있는 지점이라 하겠다.

명발당의 역사적 가치는 또 있다. 사람과 사람의 만남, 대(代)를 이어온 가슴 절절한 인연의 고리이다. 그 인연의 강물은 250년 전으로 거슬러 올라간다.

정조 1년, 1777년 다산의 부친 정재원이 전라도 화순 현감으로 부임한다. 아버지를 따라 16살의 약용도 부인 홍 씨와 함께 화순으로 내려온다. 그리고 다산은 화순에서 물염정(勿染亭) 등 적벽 일대를 둘러보고 기행문과 '유적벽정자'(遊赤壁亭子) 등의 시를 남긴다. 약용은 화순 만연사 동쪽 암자인 동림암에서 형 약전과 함께 글공부했다는 기록도 있다.

정약용은 해남윤씨가 외가이다. 어머니가 고산 윤선도의 증손자인 공재 윤두서의 손녀이기 때문이다. 그런 인연 때문이었을까. 아버지 정재원이 화순 현감 시절, 처가인 해남 연동에 갔다가 집으로 돌아가는 길에 가끔 도암 항촌의 명발당 윤광택의 별장을 찾았다고 한다. 그래서 자연스럽게 윤광택의 장남 서유와 정재원의 아들 약용은 친구 사이가 된 것 같다. 인연은 그렇게 시작됐다.

그 후로도 인연은 대대로 이어져 윤광택의 아들 윤서유는 아버지의 뜻을 받들어 유배 중인 정약용을 물심양면으로 도왔고, 장남 윤창모는 초당으로 들어가 다산의 제자가 된다. 1812년 봄엔 정약용의 외동딸 나주정씨와 윤서유의 아들 윤창모가 강진 명발당에서 결혼식을 올린다.

그리고 1813년 7월 14일, 정약용은 다산초당 동암에서 부인 홍 씨가 보내온 신혼의 다홍치마에 매조도(梅鳥圖)를 그려 명발당의 딸에게 보낸다. 그때, 활짝 핀 매화 가지에 부리 붉은 새 한 쌍을 그려 넣은 아버지는 유배지에서 결혼식을 올린 딸이 안쓰러웠을 것이다. 딸에게 미안했을 것이다. 딸이 오래도록 행복한 가정을 꾸리길 바랐을 것이다. 사실 그때 다산이 딸에게 해줄 수 있는 말은 그 그림뿐이었는지도 모른다.

> 아득한 섬만 같던 이 땅도 인연이라
> 사람이 거기 있어 인정이 거기 있어
> 유배지 가시밭에서 붉게 벙근 꽃망울.
> 그해 봄의 저 꽃도 울먹울먹 피었을까
> 노을치마 펼쳐놓고 매조도를 그리는 밤
> 알겠네 이제 알겠네 속울음 붉은 뜻을.
> 하얗게 언 강 녹아 바다에서 하나되 듯
> 두물머리 잰걸음 구강포에 닿았는가
> 명발당 매화가지에 부리 붉은 새 한 쌍.
>
> ―유헌, 「매조도(梅鳥圖)」 전문

그해 봄, 천 리 길 아버지의 귀양지에서 결혼식을 올리는 딸의 마음이 어땠을까. 외동딸의 혼례를 지켜보는 아버지 심정은 어땠을까. 어머니 홍 씨 부인은 어땠을까. 아들을 결혼시키는 윤서유의 심경은 또 어땠을까. 마재 넘어 누릿재 넘어 신발이 다 해어지고 발등이 퉁퉁 붓도록 신부는 밤낮을 걸어 강진 명발당에 도착했을 것이다.

귀양 전까지만 해도 정약용은 정조 임금의 총애를 한 몸에 받던 출중한 관료였지만 정조가 갑자기 승하하자 죄인의 몸이 돼 강진으로 왔다. 이런 불행이 닥치지만 않았어도 다산은 승승장구, 정승 반열에까지 오를 수 있었을지 모른다. 한양에서

만인의 축복을 받으며 외동딸의 혼례를 치렀을지도 모른다. 그러나 모두가 인연이다. 강진으로 온 것도 해남윤씨 가문을 만나 혼례를 치른 것도.

세월은 흘러 명발당에서 부부의 연을 맺은 윤창모와 나주정씨 사이에서 태어난 다산의 외손자 방산 윤정기는 스물세 살 때까지 다산에게서 학문을 익혔고 그 후 다산학을 이어 정립했다. 다산의 외동딸이자 윤정기의 모친 나주정씨는 도암 항촌마을 학동 선산에 묻혔다.

만약, 유배지 강진에서 해남윤씨 가문의 도움이 없었다면 어떻게 됐을까. 다산이 초당에서 그 많은 저술 등을 할 수 있었을까. 명발당이 맺어준 윤광택과 정재원, 윤서유와 정약용, 윤창모와 나주정씨, 그리고 다산의 외손자 윤정기까지, 해남윤씨 항촌파와 정약용 가문 그 인연의 강물은 두물머리에서 구강포구로 면면히 이어져 왔다.

명발당, 그날의 신부는 지금 이 땅에 없다. 그러나 그 200년의 세월을 건너 아버지 다산의 붓끝에서 살아나 오늘을 살고 있다. 수줍게 지저귀는 매화가지 위의 그 부리 붉은 새는 나라의 보물이 돼 고려대박물관에서 세상과 만나고 있다. '매조도' 속에서 활짝 벙근 매화처럼 명발당 뒤란 언덕의 저 고매(古梅)는 올해도 피었고 내년에도 필 것이다. 대대로 활짝 필 것이다.

받침 없는 편지

한글 열풍이 해외에서 여전히 거세게 불고 있습니다. k-pop, k-드라마 등 우리 문화에 대한 관심에서 그 바람은 처음 시작됐을 겁니다. 실바람 수준의 미풍은 어느새 강풍을 넘어 이제 폭풍급이라고 해도 어색하지 않을 정도가 된 것 같습니다. 가는 곳마다 우리말로 인사를 건네는 외국인들이 많고, 한국에 가보고 싶다며 호감을 보이는 사람들도 크게 늘었으니까요.

우리 한글에 대한 관심을 외국인들이 보이는 이유는 뭘까요. 처음엔 우리나라에 대한 호기심에서 한글 공부를 시작했겠지요. 한국어를 알아야 우리 아이돌의 노래를 따라 부를 수 있고 좋아하는 한국 영화도 맘껏 볼 수 있어 한국어 공부가 필요했겠지요. 그러나 지금은 달라졌습니다. 한국어를 알아야 취업을 할 수 있고, 국제사회에서 자신의 꿈도 실현할 수 있는 현실이 된 겁니다. 그만큼 우리 한국어의 힘이 강해진 것이지요.

외국인들의 눈에 비친 한글은 어떤 모습일까요. 우리에게 아랍어, 힌두어 등이 그게 그것 같고 낯설 듯이 외국인들의 눈에도 우리 한글이 그렇게 보이는 모양입니다. ㅇ은 원이고 ㅁ은 사각형이라 동그라미, 네모 같은 도형이 진짜 글자냐며 신기해하는 외국인들이 있다니 말입니다. 한글 전체가 ㅇ이나 ㅁ의 이미지로까지 보인다니 일견 이해가 가기도 합니다.

우리 한글의 '옷'이라는 글자를 좋아한다는 외국인도 있습니다. 사람의 모습과 너무 닮아 신기하다고요. '스위스'라는 한글의 '스'가 산으로 보여 멋있다는 스위스 사람들도 많다고 합니다. 제가 보기에도 그 글자 틈새에서 요들송이 들려올 것 같으니 그들 눈에 우리 한글이 그림처럼 아름답게 보이는 건 당연하다 하겠습니다.

그런데 외국인들의 눈에 무슨 도형처럼 보인다는 한글은 배우기 쉬운 문자일까요. 다행스럽게도 한글을 어렵지 않게 따라 배우는 외국인들이 의외로 많은 것 같습니다. 쉽다는 건 그만큼 우리 한글이 세계로 뻗어나갈 가능성이 높아지기 때문에 아주 기분 좋은 일이지요.

그럼에도 한글은 어렵습니다. 나에게도 모국어인 한국어의 띄어쓰기가 헷갈릴 때가 많습니다. 중국어, 일본어에 비해 우리 한글의 위대한 점이 띄어쓰기라고는 하지만 애매할 때가 많은 건 사실입니다. 더더구나 여러 사정으로 초등학교 과정을 마치지 못한 어르신들은 띄어쓰기는 고사하고 받침도 자주 빠뜨리시는 것 같습니다. 나의 어머니도 그러셨습니다.

때 절은 일바지에 헝클어진 덩덕새머리
　　오로지 팔십 평생 까막눈으로 사시다가
　　지아비 떠나보내고 한글학교 입학했네.
　　하루는 막내딸 집 아파트에 들렀다가
　　잠긴 문에 삐뚤빼뚤 쪽지 한 장 남기셨어
　　박일심 하머이 아다 가다, 그렇게 돌아섰네.
　　십 리 길 강진 장에 푸성귀 팔러 나가
　　해 질 무렵 몇 다발을 가래떡과 바꾸신 후
　　두 팔을 휘저으시며 걷고 걷던 신작로 길.
　　어머니가 떠나신 지 십수 년이 지나갔네
　　단 한 번만이라도 뵐 수만 있다면
　　맘 놓고 울 수만 있다면, 그럴 수만 있다면.
　　눈물의 장강(長江) 속으로 편지를 쓰네
　　받침 없는 편지 한 줄 어머니께 띄우네
　　참으로 먹먹한 오늘,
　　어마 보고 시어요 우고 시어요.

-유헌, 「받침 없는 편지」 전문

　나의 어머니는 까막눈이셨습니다. 글 길이 어두워 혼자서는 시내버스도 탈 수 없으셨나 봅니다. 먼 길을 걸어 막내딸 집을 찾았다가 문이 잠겨 있자 삐뚤빼뚤 쪽지 한 장 붙여놓고 떠나셨다지요. 내가 사는 아파트 옆 산비탈을 호미로 일궈 손수 키우신 고구마며 옥수수, 상추를 우유 투입구에 밀어 넣고 아파트 현관문에 쪽지 한 장 남기셨다지요. 박일심 하머이 아다 가다 그렇게 돌아섰다지요.

당신의 그 허허로움을 미처 깨닫지 못한 아들은 참 못난 자식이었습니다. 그 「받침 없는 편지」는 당신이 막내딸에게 남긴 말이지만 저에게 들려준 이승에서의 마지막 문장이기도 합니다. 그 말씀을 받아 적으며 아들은 시를 짓고 수필을 썼습니다. 받침은 빠져 있었어도 당신의 말씀에는 한 획 한 획에 힘이 있었지요. 간절함과 울림이 있었습니다. 아들은 받침 없는 당신의 문장을 도용만 했지 그 속울음을 바로 듣지 못한 불효자였습니다.

글을 배우신 적이 없었던 어머니는 당신의 방 벽에 걸린 달력에 아버지가 돌아가신 날 이후의 하루하루를 연필로 동그라미 표시를 해 두시기도 하셨다지요. 생전에 아버지를 대할 때 조금은 덜 살갑다는 생각이 들었고, 아버지가 몇 년 동안 병중에 계시다 돌아가셨기 때문에 아버지에 대한 그리움이 그렇게 절실하고 큰 줄은 몰랐었습니다. 난 그런 어머니의 상실감과 쓸쓸함을 미처 헤아려드리지 못한 불효자였던 것입니다.

다시 가정의 달 5월입니다. 5월에는 어린이날, 어버이날, 부부의 날 등 가족을 위한 날들이 들어있어 '가정의 달'이 되었겠지요. 15일은 스승의 날이지만 1993년 UN이 가정의 중요성을 되새기자는 취지로 제정한 '세계 가정의 날'이기도 합니다.

올해 다시 5월을 맞았습니다. 어머니가 그립습니다. 어머니의 그늘이 더욱 그립습니다. 길고 긴 봄날 보릿고개 함께 넘던 우리들의 어머니가 그립습니다. 초록의 그늘을 드리우며 저만치 5월이 벌써 가고 있습니다.

낙엽은 져서 지는 게 아니다

산야가 옷을 갈아입고 있다. 초록의 동색(同色)이 사라진 자리마다 울긋불긋 저만의 색깔들로 옹긋옹긋하다. 형형색색, 단풍잎은 붉어졌고 은행잎은 노래졌다. 당단풍, 청단풍, 은단풍, 섬단풍, 설탕 단풍, 미국 단풍, 일본 단풍 등 빛깔도 모양도 갖가지다. 한데 어우러져 숲속이 요란하다. 색이 소리가 되어 계절을 노래하고 있다.

단풍은 어디에서 오는가. 단풍은 왜 오는가. 익히 아는 사실이지만 단풍이 드는 이유는 간단하다. 가을에서 겨울까지는 공기가 건조하고 강수량도 적어 나무에 공급되는 수분이 턱없이 부족하다. 그래서 가을이 되면 나무는 살아남기 위해 잎으로 가는 물의 공급선을 스스로 끊어내는 결단을 내린다.

이때 잎의 초록색 엽록소는 파괴되고 엽록소에 가려져 있던 노란색과 붉은색 등의 색소가 드러난다. 이게 단풍이다. 잎을 매단 나무가 생존을 위해 벌이는 처절한 몸짓이 바로 단풍인 것이다. 우리가 한가롭게 가을의 색(色)을 즐길 때 나무는 혹독한 계절을 건너기 위해 힘겨운 싸움을 하고 있었던 셈이다.

나무와 가을의 전쟁은 여기서 끝나는 게 아니다. 눈보라 치는 겨울을 무사히 넘기려면 감수해야 할 게 또 있다. 마지막 잎새까지 버리는 일이다. 수분과 양분을 떨켜로 차단해 잎을 말려야 뿌리가 살 수 있다. 제 살을 깎는 고통을 감내해야 나무가 살 수 있다.

가을에 나무가 잎을 떨구는 일은 생존을 위한 고도의 전략이고, 달리 생각하면 비정한 자연 생태계의 한 단면을 보는 일이기도 하다. 새봄의 연초록은 무성한 여름을 건너 가을 단풍으로 붉게 타올랐다가 낙엽이 되어 흙으로 돌아간다. 낙엽은 다시 토양이 되어 나무를 키우고 잎으로 돋아난다.

이런 계절의 순환 과정을 지켜보면서 우리네 삶을 돌아보게 된다. 낙엽 지는 소리가 유독 크게 들리는 늦가을엔 아득한 지난날들이 어제 일처럼 스쳐 가기도 한다. 봄, 여름, 가을, 겨울을 우리들 일생의 축소판이라고 생각한다면 어느 한 철 소중하지 않은 계절이 어디 있겠는가. 나의 사계(四季)가 축음기의 음반처럼 빙빙 돌아가다 딱 멈추는 지점은 어딜까, 어디쯤일까.

초록이 지치도록 한창이던 그 한때는 정말 앞만 보고 달리느라 돌아볼 겨를이 없었다. 붉으락푸르락 언짢은 일도 많았다. 빈 가슴 여미고 또 한 고개 넘는 지금, 온 산을 물들이는 단풍의 저 가르침에 슬쩍 옆을 바라본다. 이제는 비워보라는 천천히 돌아보라는 속삭임에 가만히 귀를 기울인다. 그래서일까. 요즘 낮게 깊게 들어오는 햇살이 한층 더 붉어졌다. 바람도 철이 들었는지 눈빛이 붉어졌다.

　가을은 이처럼 생각이 깊어지는 계절이다. 그래서 바람까지도 철이 들어 보이는지 모르겠다. 단풍잎 사이를 오가는 바람의 눈빛이 붉어 보이니 말이다. 눈가에 이슬에 맺혀 있다는 건 지나온 날들, 스쳐 간 시간을 바람도 기억한다는 의미 아니겠는가.

　철이 든다는 건 속이 드는 일이다. 밝아지는 일이라고 말하는 이도 있다. 한자 밝을 철(哲)자를 써서 말이다. 그래서 철이 드는 건 꼭 중2 청소년 시기만의 일은 아닌 것 같다. 어른도 철이 든다. 그래서 아등바등하지 않고 주변을 살피는 여유가 이 가을에 더 생기는지도 모르겠다.

　낙엽이 지고 있다. 사람이 그리운 계절이다. 인생의 고비마다 만났던 사람들, 그들과 함께 건너온 강의 물길은 얕아졌고 수량(水量)도 크게 줄었다. 시간이 훌쩍 흘러 그 옛 강이 사라진다 해도 사람에 대한 기억은 오래도록 지워지지 않을 것이다.

　　져서 지는 게 아니다 갈 길을 갈 뿐이다
　　결코 부끄러워서 붉어진 게 아니다
　　한 시절 잘 살았다고 혼술 한 잔 한 게다.
　　　　　　　　　　　　-유헌, 「낙엽, 지다」 전문

　낙엽은 경쟁에 져서 지는 게 아니다. 하늘의 이치에 따라 한 시절 열심히 살다가 석양의 노을처럼 세상을 붉게 물들이고 사라져 가는 것이다. 그냥 사라지는 게 아니라 흙이 되어 이 땅의 나무를 키우는 것이다. 늦가을 깊은 밤, 낙엽은 이 순간에도 나무를 구하기 위해 차가운 땅바닥에 자신을 던지고 있다.

오우무아무아(oumuamua)

　새해 벽두, 우리는 승천하는 용의 기를 주고받으며 한 해를 열었다. 하늘을 퍼렇게 물들이며 날아가는 청룡을 바라보며 건강을 기원하고 행복을 소망했다. 카톡 카톡 카톡 연하장이 세상을 깨웠다. 그리고 금세 여러 날이 지났다.
　용은 상상의 동물이다. 뿔이 있고 날개가 있다. 수염도 있다. 때로는 구름을 몰고 다닌다. 생각만 해도 뭔가 좋은 일이 생길 것 같고 힘이 솟는다. 상상의 동물이니 신비롭기까지 하다. 우리들 소원도 다 들어줄 것 같다.
　이렇듯 용이 상상의 동물이라면 사람은 상상력을 지닌 존재이다. 인간의 상상력은 무한하다. 달나라에 사는 토끼가 방아를 찧고 인간은 은하에 돛배를 띄운다. 반 고흐는 '별이 빛나는 밤'이라는 우주의 소용돌이를 화폭에 담았고, 철이는 은하철도999로 미지의 우주를 여행했다. 상상의 세계에서는 종횡무진 우주 끝까지 날아가 외계인을 만나기도 한다.
　은하를 은하수라고 상상하니 하늘에 돛단배가 떠갔다. 그런 은하에 수천억 개의 별이 모여 있고 우주에는 또 수천억 개의 은하가 있고, 우주 너머에 또 다른 우주가 있을 수도 있다니 상상 이상의 상상으로도 가늠하기 힘든 세계가 우주인 것이다.

빛으로 달나라까지 1.3초, 태양까지 8분 20초가 걸리는데 빛으로 100억 년 거리에 떠 있는 저 별은 또 누구인가. 수억 년 전에 이미 사라지고 없는 별일 수도 있겠구나 생각하니 절로 숙연해진다.

> 저 별은 지금 저 별은 별이 아니다
> 별빛 먼저 보내고 생을 홀로 마감한 별
> 한 송이 순간의 별꽃 초신성 눈빛이다.
> 아득한 어느 별의 전생을 뒤로하고
> 겁(劫)의 산맥 물들이며 나에게 달려온 너
> 천 년을 글썽거리다 눈물 뚝, 떨군다.
>
> —유헌, 「글썽,」 전문

별의 진화 마지막 단계에서 급격한 폭발 후 엄청난 빛을 내며 생을 마감하는 별이 초신성이다. 이런 초신성은 폭발로 생성된 원소들을 우주에 퍼뜨리며 다른 천체와 별들로 다시 태어난다고 하니 별들의 윤회가 경이롭기까지 하다.

놀라운 일은 또 있다. 2017년 10월의 일이다. 태양계 밖에서 뜻밖의 손님이 찾아온 것이다. 인류 관측 이래 최초로 태양계 너머의 외계에서 태양계로 유입돼 온 천체가 바로 그것이다. 발견 당시 길쭉한 바게트 빵 모양의 극단적인 비율에 지구

근처에서 초속 44km라는 무지막지한 속력으로 태양계 밖으로 사라지는 것이 포착된 이후 지금껏 정체가 오리무중이다.

> 문득, 그날 안겼다 슬쩍 품기도 전에
> 한줄기 섬광처럼 내 가슴 치고 떠난
> 그대는 누구신가요 뒤돌아선 그대는.
> 세상 너머 허공 끝 암흑 속 헤치고 와
> 급히 쓴 연서처럼 흘려놓고 간 한 마디
> 그래요 '꿈'이었어요 내게 전한 그 말은.
> ―유헌, 「오우무아무아」 전문

그 성간 천체에 하와이어로 먼 곳에서 찾아온 메신저 '오우무아무아'라는 이름이 붙여졌다. 오우무아무아가 불쑥 나타나 우리 인류에게 전하고 싶었던 말은 무엇이었을까. 그렇게 급하게 태양계 밖으로 사라져야 했던 이유는 무엇일까. 외계 문명이 보낸 탐사선이라고 주장하는 일부 천문학자도 있지만 정체가 계속 바뀌고 있는 것도 사실이다.

처음 포착 당시 오우무아무아는 지구에서 3천만km 떨어진 곳에서 빠른 속도로 태양계를 벗어나고 있었기 때문에 탐사선을 보낼 틈도, 보낼 수도 없었다고 한다. 그러나 언젠가는 다시 만나게 되리라는 약속, 멀리서 찾아온 메신저 오우무아무아가 그날 급히 떠나면서 우리 인류에게 전한 메시지는 꿈, 어쩌면 '꿈'이라는 짧은 한마디였는지도 모르겠다.

가만가만 되뇌면 뭔가 좋은 일이 생길 것만 같은 오우무아무아, 상상은 자유다. 꿈이다. 즐거운 상상, 꿈은 이루어진다.

제2부

별을 읽는 밤

그 여름의 봉숭아

9월이 왔다. 달력 위로 가을이 왔다. 폭염을 헤치며 왔다. 기억하고 싶지 않은 기록들을 남긴 채 여름이 긴 꽁무니를 슬슬 빼고 있다. 아침저녁의 선선한 바람이 그 여름의 그 숱한 흔적들을 지우개처럼 지우고 지나간 자리에서 귀뚜라미 울고 있다. 이처럼 계절은 가을의 길목에 들어섰지만 여름꽃 봉숭아는 아직도 꿋꿋하게 잔설처럼 남아 지난여름을 증언하고 있다.

독일의 시인 릴케는 「가을날」이라는 120년 전 그의 시(詩)에서 '여름은 참으로 위대했습니다'라고 노래했으나 2024년 여름은 그렇지가 않았다. 참으로 뜨거웠다. 용광로처럼 펄펄 끓는 지구촌 곳곳에서 여름을 견디기 위해 열대야의 밤을 지새워야 했다.

이처럼 모두가 힘든 여름을 보냈지만 울 밑에 선 봉선화는 시종 의연했다. 시원한 물 한 바가지 주지 않아도 꽃을 피우며 우리 곁을 지켰다. 손이 특별히 가지 않아도 잘 자랐다. 그래서일까. 봉숭아를 소재로 시인들은 시를 썼고 음악인들은 곡을 붙였다.

일제강점기 망국의 한을 노래한 우리나라 최초의 가곡 「봉선화」가 대표적이다. '울 밑에 선 봉선화야 네 모양이 처량하다'로 시작하는 「봉선화」는 김형준의 시(詩)에 1920년 홍난파가 곡을 썼고 소프라노 김천애가 크게 유행시킨 것으로 알려져 있다.

당시 일제는 나라 잃은 슬픔을 봉선화에 비유한 가사를 문제 삼았으나 김천애는 굴하지 않고 무대에 설 때마다 봉선화를 불러 여러 차례 경찰에 연행되기도 했다. '북풍한설 찬바람에 네 형체가 없어져도, 평화로운 꿈을 꾸는 너의 혼은 예 있으니, 화창스런 봄바람에 환생키를 바라노라'라며 열창했다. 나라의 독립을 염원하며 간절하게 노래했다.

시대를 노래하는 가수 포크송 싱어 정태춘, 박은옥. 80년대 들어 정태춘, 박은옥의 5집 앨범에 수록된 「봉숭아」도 국민의 사랑을 꾸준히 받는 노래이다. 박은옥의 시(詩)에 정태춘이 곡을 붙인 「봉숭아」는 홍난파 곡 「봉선화」와는 사뭇 다른 느낌으로 다가온다.

'손톱 끝에 봉숭아 빨개도, 몇 밤만 지나면 질 터인데, 손가락마다 무명실로 매어주던, 곱디고운 내 님은 어딜 갔나. 손톱 끝에 봉숭아 지기 전에, 그리운 내 님도 돌아오소'라며 부부가 화음을 맞춰 그리움을 노래하고 있다. 홍난파 곡 「봉선화」가 애절하다면 정태춘 곡 「봉숭아」는 참으로 애틋하다.

울 밑 우물가에 연지 찍듯 피는 꽃

손톱에 꽃물들이던 그 여름이 그리웠나

올해도 송아리로 핀 우리 누이 분홍꽃.

울 밑 장독대에 분첩 찍듯 피는 꽃

된장에 풋고추 몇 개 그 여름이 미안했나

올해도 숭어리로 핀 울 어머니 하얀꽃.

-유헌, 「그 여름의 봉숭아」 전문

우리 집 한옥 마당에도 여름이면 봉숭아가 지천으로 핀다. 우물가에도, 돌확 옆에도, 화단에서도, 담장 밑에도, 장독대에서도 핀다. 오래된 동백나무 아래에서는 무더기로 핀다. 분홍, 빨강, 주홍, 보라, 흰색의 꽃들이 핀다.

봉선화는 봉숭아, 봉송아, 봉숭화라고도 불리는데 봉선화와 봉숭아가 표준말이다. 물봉선은 주로 산골짜기 물가에서 8월부터 9월 사이에 홍자색이나 흰색으로 핀다. 물봉선보다 전체적으로 조금 더 연약하고 털이 없으며 꽃잎이 황색이면 노랑물봉선이다.

울 밑에 선 봉선화는 나라 잃은 설움을 달래준 민족의 꽃이었고, 우물가에 핀 봉숭아는 손톱에 꽃물 들이던 시절의 꽃이었다. 때로는 숨죽이며, 때로는 당당하게 목청껏 부르던 우리들의 노래 「봉선화」, 손톱에 곱게 들인 봉숭아물이 첫눈 내리는 날까지 남아 있으면 첫사랑이 이뤄진다고 했던가. 그 겨울로 가는 길목, 풀벌레 소리 앞세우고 시나브로 가을이 오고 있다.

　우리 누이 연지 찍듯 울 밑에 핀 분홍 꽃도, 울 어머니 분첩 찍듯 장독대 옆에서 핀 하얀 꽃도 머잖아지고 말 것이다. 봉숭아꽃 낙화로 사라진다 해도 그 시절 여름을 함께 건너온 우리들의 누이, 우리들 어머니에 대한 기억은 저마다의 가슴에 봉숭아물 곱게 들어 오래된 화첩의 첩첩처럼 쌓여갈 것이다.

별을 읽는 밤

 별 보기 좋은 계절이다. 고향집 마당에 덕석 깔고 누워 별 보기 딱 좋은 가을이다. 멍석처럼 둥그렇게 둘러앉아 갓 찐 고구마 함께 먹고 옥수수 하모니카 불며 별 보기 참 좋은 가을밤이다. 나의 어린 시절엔 그랬다.

 요즘은 시골의 밤도 너무 밝아졌다. 주변에 불빛이 넘쳐난다. 휴대폰 액정, TV 화면, 각종 전자제품의 불빛, 네온사인 등 가히 빛의 홍수 속에서 살고 있다고 해도 과언이 아닐 것이다. 모두 다 인공 불빛이다. 그래서 별 보기가 더 힘들어졌다.

 예전과 달리 TV 등 볼거리도 많아졌다. 밖에서 밤을 즐기는 시간도 그만치 줄었다. 별을 잊고 살다가 문득 쳐다본 까만 밤하늘에서 별빛이 쏟아져 내린다면 어떤 느낌일까. 동심, 설렘, 고향, 친구, 약속, 전설, 여행 등 별과 함께한 순간들이 스치며 지나가지 않을까.

 우주에서는 지금 이 순간에도 수많은 별들이 태어나고 죽는다. 죽으면서 여러 종류의 원소와 광물질을 우주공간에 흩뿌려 놓기 때문에 우리는 그걸 재활용하며 살아간다고 한다. 웬만한 별들의 빛은 지구까지 오는 데 수십억 년이 걸리기 때문에, 내가 지금 보고 있는 별은 수십억 년 전 별의 모습일 수도 있다. 이미 죽고 없는 별일 가능성도 높다. 그만큼 우주는 신비롭다.

    점묘하듯 써 내려간 누군가의 일대기
    한 획을 읽는데 한 생이 지나가네
    점점이 금빛을 찍어 허공에 새긴 문장
                          -유헌, 「별을 읽다」 전문

난 별을 특별히 좋아한다. 멀리 있어 좋다. 아득한 별의 이마에 살짝 꿈을 얹을 수 있어 좋다. 별은 사람의 세포와 거의 같은 종류의 원소를 갖고 있다고 들었다. 수소, 산소, 탄소, 질소 말이다. 그래서 우리네 인생을 원소의 고향인 별에서 왔다가 별로 돌아간다고 하나 보다.

    놓쳐버린 막차처럼 아스라이 멀리 있어
    돋움체 한 점 한 점 가슴으로 읽는 밤
    별들이 쏟아 놓는 말, 점자(點字)로 쓴 장편동화.
                          -유헌, 「별을 읽다 3」 전문

우리가 지구에서 눈으로 볼 수 있는 별은 6천 개, 북반구에 위치한 우리나라에서 관찰할 수 있는 별은 2천 개 정도라고 한다. 별은 어두워야 보인다. 그래서 어두운 밤하늘을 인류의 문화유산으로 잘 보존하자는 천문학자의 주장에 고개가 끄덕여진다. 누군가는 죽어 별이 되고, 또 다른 누군가는 별로 태어나고, 때로는 밤하늘의 별들이 장편동화가 될 수도 있다.

몇 년 전 국내 한 방송사에서 방영한 '별에서 온 그대'라는 드라마가 인기였다. 매주 시청률 30퍼센트를 기록하며 안방극장에 돌풍을 일으켰다. 전지현, 김수현이라는 두 배우의 캐릭터 영향도 있었겠지만 내용이 독특했다. 400년 전 지구에 떨어진 외계남과 한류 여신 천송이의 기적과도 같은 달콤 발랄한 로맨스에 시청자들은 열광했다.

실제로 조선왕조실록 광해 20권에 관련 기록이 남아 있다. 1609년 가을, 강원도 춘천, 양양, 강릉 등지에 알 수 없는 비행 물체들이 출몰했다는 것이다. 이 미확인물체들은 호리병이나 세숫대야를 닮았고 우레와 같은 소리를 내며 밝은 빛과 연기를 동반하여 나타났다는 기록이다. 400년 전 그날 외계에서 온 남자를 바로 '별에서 온 그대'의 주인공으로 캐스팅했으니 인기몰이는 예상된 결과였다고 할 수 있겠다.

지구에서 가장 가까운 별은 태양이지만 그다음 별은 지구로부터 약 4.3광년(光年) 거리에 있는 프록시마 b라는 외계 행성으로 알려져 있다. 빛이 지구에서 달까지 가는데 1.3초가 채 걸리지 않는데, 4년 이상을 빛의 속도로 달려야 만날 수 있는 별이 우리와 가장 가까운 별이라니 새삼 우주의 광활함에 놀라지 않을 수 없다.

반짝, 한 생(生)이 초서체로 떠오른 밤

모양 겨우 읽었는데 별이 지고 있네

가없는 허공을 펼쳐, 한 땀 한 땀 새긴 문장

-유헌, 「별을 읽다 2」 전문

이처럼 우주는 광대무변하다. 끝도 시작도 없다. 허허공공(虛虛空空) 우주에서 우리가 사는 지구는 무엇인가. 은하의 바다에서 나는 누구인가. 우주에는 수천억 개의 은하가 있고, 각각의 은하에는 또 수천억 개의 별이 있다고 한다. 그 헤아릴 수 없는 별들 중의 하나가 지구이다. 지구보다 100배 이상 큰 태양도 작은 별에 속한다고 하니 우주에선 지구가 얼마나 왜소한지 짐작하고도 남음이 있겠다.

 그런 지구에서 우리가 살고 있다. 별 먼지로 살고 있다. 138억 년 전에 우주가 생겼고, 우주 나이 4억 년, 그러니까 134억 년 전 별이 탄생했다. 별에서 온 우리는 그래서 하나다. 네 편, 내 편, 아웅다웅 모두 부질없는 일이다. 너도, 나도 가없는 우주의 바다에서는 일엽편주(一葉片舟) 아니던가.

강진달빛한옥마을

　월출산에 달이 뜬다. 천황봉에 둥두렷하게 둥근달이 떠오른다. 새하얀 달빛은 구정봉 큰바위얼굴을 향해 목례하듯 크게 한번 굽이치더니 능선을 타고 내달리기 시작한다. 기암괴석 사이 사이로 가파르게 달려 내려온다. 오르락내리락 쉼 없이 내려온다. 절벽의 소나무 가지를 물들이고 산짐승들의 목덜미도 슬쩍 쓰다듬고 내려온다.
　바람재에 도착한 달빛은 잠시 숨을 돌리는가 싶더니 경포대 계곡을 가로질러 미끄러지듯 내려온다. 뒤척이던 다람쥐 몇 마리 슬며시 눈을 뜨고 바라본다. 봄빛으로 물든 계곡물이 졸졸졸, 달빛소나타를 연주한다. 졸참나무 잎새 한 잎 달빛을 싣고 떠내려간다.
　달빛은 눈 깜짝할 새 강진달빛한옥마을 들머리에 도착한다. '휴휴당'이 고개를 내밀고 먼저 맞는다. 돌담의 영춘화가 그 노란 눈빛으로 달빛을 맞는다. 마당의 돌탑이 합장하듯 눈을 지그시 내리뜨고 맞는다. '쉼과 꿈'은 잠시 쉬었다 가라 손짓한다. '달빛한옥'도 오랜 친구를 만난 듯 반긴다. 길 건너 '너와 나의 둥지'는 아예 하룻밤 묵어가란다. '월영재' 정원의 명품 소나무가 허리를 굽히고 넌지시 바라본다.

'여락재'의 보름달방과 초생달방에서 노란 불빛이 새 나온다. 도란도란 얘기 소리도 들린다. 맞은 편 '날마다 좋은 집'은 마을 노인회장 부부의 집이다. 연분홍 얘기 사과꽃 곱게 핀 대문 없는 대문이 운치를 더한다. 어르신께 인사라도 드리고 갈까 하다 마음을 돌린다. 시간이 늦었다.

몇 걸음 길을 건너니 규모가 제법 큰 한옥이 나타난다. '금릉정'이다. 고목의 매화가 홀로 활짝 피어 집을 지키고 있다. 중앙공원 노란 수선화 군락을 배경으로 피어 있다. '달빛한모금 바람한스푼' 이런 멋진 이름을 짓고 사는 이는 누구일까. 잠깐 들러 대청마루에서 차 한 잔 나누고 싶다. 앞집 '별유풍경'은 또 어떤가. 매우 아름다운 풍경이라는 뜻을 가진 당호답게 돌담이 예술인 국가유공자의 집이다. 옷깃을 여미게 한다.

밤이 더 깊었다. '돌담이 정겨운집' '사휴재' '첫들머리집' '행운의집'을 지나 우측으로 접어드니 '소나무집'과 물레방아 물소리 찰랑찰랑 들리는 '달빛마루'가 나온다. '태양아래월출산'이 우뚝 서 있고, '휘영청'이라는 당호가 걸린 '달빛줍기'를 지나 '초연재' '뜻이 있는 집'을 돌아가니 다시 중앙공원이다. 노란 조각달, 두 개의 작은 별 조형물이 졸고 있다.

　　애저녁 초승달이 용마루에 걸터앉아
　　기우뚱 허리 굽혀 수묵화를 그리는 밤

달빛을 줍고 있는 나, 그림 속을 걷고 있네.

-유헌, 「강진달빛한옥마을」 전문

    중앙공원 정자를 옆에 끼고 내려가니 돌담집들이 이어진다. 돌담 너머의 '달빛미소'가 봄밤을 설레게 한다. '별바라기'의 별채는 정승댁 사랑채를 닮았다. 정자에 별빛이 내려 쌓이고 있다.
    가던 길을 되돌아 나오니 한옥마을 이장댁 '보금자리'이다. 유일한 ㄷ자 한옥이다. ㄱ자 한옥촌의 ㄷ자, 예스러워 보여서 좋다. 옆집 고풍스런 대문 안으로 들어서니 부부의 꿈이 영그는 '해로당', 잘 익은 감빛 노을, 석양이 아름다운 '석양두리', 그 삼거리에서 우측으로 방향을 바꿔 '평안누리'를 지나니 '수류화개'이다. 물 흐르니 꽃이 핀다. 북송시대 황산곡의 시구에서 따온 이름일 것이다. 우주의 깊은 울림을 짓고 사는 이는 또 누구인가. 마을 입구 '화담재'와 '과운화향'까지 순식간에 30세대를 둘러봤다. 달빛으로 물이든 한옥촌의 밤이 대낮처럼 환하다.
    강진달빛한옥마을이 월출산 남쪽 자락에 둥지를 튼 지 올해로 10년이 됐다. 한옥의 처마선 따라 이어지는 곡선의 아름다움, 그 곡선의 미학으로 둥글게 살아가는 사람들. 마을 뒤 천황봉처럼 꿈은 높게, 십만 평 녹차밭처럼 마음은 넓게 푸르게 살아가는 사람들, 지붕 기왓장에 켜켜이 시간이 쌓이고 담장에 푸른 이끼가 내려앉을 그 십 년 후의 강진달빛한옥마을 모습이 참으로 궁금하다.

삐비꽃 필 무렵

봄이 깊어 간다. 복숭아꽃 살구꽃이 낙화로 나뒹굴고 산벚꽃 탱자꽃도 제 길을 찾아갔다. 꽃이 진 자리에 연둣빛 잎새들 날로 짙어가고 감나무 가지마다 감꽃이 피려는지 꽃받침이 돋고 있다. 들판의 무논에서 개구리 밤새 울고 뻐꾸기는 앞산 뒷산을 오가며 덩달아 분주하다.

이처럼 계절이 푸르러 가면 논틀밭틀 여기저기서 삐비순도 쑤욱 쑥 올라온다. 길고 긴 봄날의 보릿고개를 같이 넘던 추억의 삐비가 얼굴을 내밀기 시작한다. 어렵던 그 시절, 삐비는 간식이라기보다는 허기를 달랬던 주식 같은 것이었다. 너도나도 한 주먹 두 주먹씩 뽑아 호주머니에 넣고 다니면서 쏘옥 쏙 빼먹곤 했으니까 말이다.

우리에게 친숙한 이 삐비라는 명칭은 사실 전라도 방언이다. 강원도 등지에서는 삐삐라고도 불리지만 삘기가 표준말이다. 하얀 뿌리 때문에 한방에서는 백모근으로도 불린다. 배가 고파 이삭꽃의 속살은 물론 달착지근한 뿌리까지 즐겨 먹었지만 삐비는 오래전부터 약재로도 쓰였던 것 같다. 꽃이 피기 전의 꽃이삭은 지혈 작용이 뛰어나 코피가 날 때 콧구멍에 솜 대신 틀어막아도 효험이 있었다니 여러모로 고마운 풀이 삐비인 것이다.

삐비는 꽃송이를 뽑아 먹어도 먹어도 지천으로 핀다. 조붓한 길가에도 피고 드넓은 산자락에도 핀다. 무리를 지어 하얗게 핀다. 햇볕 드는 곳을 좋아해서인지 고사리처럼 묘 주변에 더 많이 핀다. 삐비꽃 듬성듬성 핀 오래된 봉분은 자연의 일부가 돼 인간적으로 보이기까지 한다. 더 많이 가졌든 덜 가졌든 결국은 모두가 자연의 품으로 돌아가는데 봉분의 크고 작음이 무슨 대수이겠는가.

> 산비탈 깎아 쓴 석곽묘 아래 아래
> 낮게 엎드린 띠풀 쓴 봉분 하나
> 저 묘 참, 인간적이네 길 가다 스친 생각.
> 　　　　　　　　-유헌, 「인간적이라는 그 말」 전문

요즘은 장묘문화도 많이 바뀌었다. 봉분보다는 조상을 납골당에 모신다거나 수목장 혹은 화장을 하는 경우가 많아졌다. 그래서인지 대리석으로 둘러친 웅장한 묘보다는 자그만 흙무덤이 좋아 보일 때가 있다. 그게 더 인간적으로 보인다면 지나친 역설일까. 동네 너머 자드락길 산책로에서 오래된 무덤들을 볼 때마다 드는 생각이 있다.

조붓한 산책길 옆 봉분이 둘 무덤이 둘

이승의 신발 굽도 저리 높고 낮았을까

삐비꽃 듬성듬성 핀 저 자리가 꽃밭인데.

-유헌, 「오래된 무덤」 전문

    봄바람에 휘날리는 삐비꽃은 한 시절 우리네 삶의 대서사시이었다. 삐비의 여리디여린 새순으로 허기를 달래며 춘궁기를 보냈고 힘든 날들을 건너왔다. 삐비의 꽃순을 같이 뽑던 그 동무들은 지금 어디서 어떻게 지낼까. 그래서 나에게 삐비꽃은 추억이고 그리움이다. 삐비꽃과 함께 울고 웃던 그들의 안부가 궁금하고, 삐비를 닮은 나의 어머니가 그립다.

애써 몸 세우려고 기대서지 않았다

단물 다 내어주고 심지까지 다 뽑히고

밟히고 베이면서도 산기슭 지켜왔다.

바람에 맞서지도 피하지도 아니하고

찬 이슬로 꽃을 피워 윤슬처럼 반짝이며

은발로 다녀가시는 울 어머니, 하얀 꽃.

-유헌, 「삐비꽃 봉분」 전문

    어머니는 그랬다. 자식들이 늘 먼저였다. 아들딸을 위해 삐비처럼 밟히고 베이면서도 이 땅을 지켜왔다. 애써 몸 세우려고 기대서지 않았고, 바람에 맞서지도 피하지도 않았다. 가진

게 없었지만 언제나 당당했다. 이 땅의 모든 어머니들이 그랬다. 아버지들이 그랬다. 올해도 삐비꽃은 피고 또 질 것이다. "은발로 다녀가시는 울 어머니, 하얀 꽃"이 어머니의 봉분에도 흐드러지게 필 것이다.

창백한 푸른 점

　전 세계 언론이 주목했다. 지난 5월 11일의 일이다. 태양의 흑점이 폭발해 태양폭풍을 일으키고 있다는 뉴스였다. 21년 만에 가장 강력한 태양폭풍이 지구에 도달하면서 미국은 최고 수준의 태양폭풍 경보를 발령했고, 우리나라도 우주전파재난 주의 위기경보를 내렸다. 강력한 흑점이 재등장하면 무슨 일이 일어날지 모른다는 뉴스까지 이어졌다.
　흑점이란 무엇인가. 태양의 표면 중 주변보다 온도가 낮아 검게 보이는 부분이다. 태양은 약 11년을 주기로 활동이 왕성해지는 극대기가 찾아오는데 2024년부터 2027년까지가 극대기에 해당한다는 것이다. 태양의 흑점은 크기가 지구와 비슷한 것부터 지구의 몇 배에 이르는 것까지 매우 다양한 것으로 알려져 있다. 말만 점이지 단순한 점이 아니라는 말이다.
　흑점이 많아지면 태양이 활발하게 움직이는데 이때 폭발하는 흑점의 위력은 핵무기 1개의 100만 배에 달하는 엄청난 자기장을 내뿜으며 태양풍을 만들고 이 태양풍이 지구 자기장과 충돌해 지구에도 영향을 준다는 것이다. 태양풍은 인공위성의

궤도를 교란하고 무선통신을 방해해 스마트폰, GPS 통신을 어지럽히고 대규모 정전 사태를 일으킬 수도 있다고 한다.

이처럼 인류는 태양의 절대적인 영향권 안에 들어 있다. 태양의 빛과 열이 있어 생명체가 존재한다. 지구는 1억 5천만 킬로미터 밖 태양의 에너지를 시시각각 받으며 움직인다. 자전과 공전으로 해가 뜨고 해가 지고 꽃이 피고 새가 운다. 아무리 생각해도 신의 묘수다. 우연인지 인연인지 1억 5천만 킬로미터라는 거리가 절묘하다.

태양계의 수성, 금성은 태양과 너무 가깝고, 화성과 목성 등은 태양에서 너무 멀다. 그 사이에 지구가 있다. 태양에서 멀지도 가깝지도 않은 여기 지금 지구가 있다. 그래서 지구에는 생명체가 살아갈 수 있는 적당한 햇볕이 있고, 물이 있고, 대기가 있다. 다양한 종류의 생물들이 공존하고 있다.

얼마나 소중한가. 생명의 원천인 태양이, 삶의 터전인 지구가 소중하다. 그런데 최근 들어 흑점 폭발 등 태양 활동이 심상치 않다니 걱정이다. 지구가 병들어가고 있다니 큰일이다. 태양은 우리가 당장 어떻게 할 수 없다고 하더라도 지구는 우리가 지킬 수 있다. 우주에서는 자그만 점에 불과한 지구지만 거기엔 81억 인류가 있고 무수한 생명체가 있어 지켜내야 한다.

    산산조각이 난 점이 암흑 속으로 흩어져
    오방도 상하도 없는 알 수 없는 곳에서
    떠돌다 떠다니다가 지구별 되었나니.

창백해도 괜찮아 붉어져서는 안 돼

길을 잃어서도 안 돼 하늘길 있어 괜찮아

넌, 겁(劫)의 바다를 밝히는 한 점의 푸른 등대.

-유헌, 「창백한 푸른 점」 전문

    1990년, 미국 우주 탐사선 보이저 1호는 태양계를 벗어나기 직전, 지구의 지령에 따라 카메라 방향을 지구 쪽으로 돌린다. 그리고 신호 도달에 6시간이 걸리는 61억km 명왕성 근처 우주공간에서 계획에도 없던 지구를 조준해 카메라 셔터를 눌렀다. '창백한 푸른 점'인 지구가 우리 인류에게 모습을 드러내는 순간이었다.

    1977년 발사된 그 보이저 1호는 시속 6만 천km 속도로 태양계를 벗어나 지금은 지구에서 243억km 떨어진 인터스텔라 공간, 즉 별들 사이의 공간을 여행하고 있는 것으로 알려졌다. 보이저 탐사선은 인류의 메시지를 담은 황금 레코드를 신고 떠났는데, 외계 생명체에게 인류와 지구의 존재를 알릴 목적으로 설계되었다니 놀라움을 넘어 경이롭기까지 하다.

    오늘 밤에도 별은 총총 뜰 것이다. 은하 너머 어느 별에서 내가 사는 '창백한 푸른 점'을 바라보는 이가 있다고 상상해 보라. 누군가 푸른 별을 그리워하고 있다고 생각해 보라. 그 푸른 별 지구가 제 모습을 잃고 붉어져서는 안 된다. 우리 인간의 욕심으로 더 이상 뜨거워져서는 안 된다. 가없는 우주의 바다에 떠 있는 한 점의 푸른 등대, 지구를 지키는 일은 우리들의 몫이다.

천학, 날다

내가 살고 있는 남도 땅 강진의 이미지는 무엇일까. 강진, 하면 어떤 게 먼저 외지인의 머릿속을 스쳐 갈까. 그들의 대답을 듣지 않아도 대충 짐작은 간다. 취향에 따라 우선순위는 조금 다를지라도 답변은 비슷할 것 같다. 물론 강진을 직접 경험해 본 사람과 그렇지 않은 경우의 차이는 있을 수 있다.

인문학에 관심이 많은 사람이라면 정약용과 다산초당, 김윤식과 영랑생가를 먼저 꼽을 것이다. 봄날의 모란이 떠오르고 영랑의 시 '모란이 피기까지는'을 읊조릴 것이다. 다산이 머물다 간 동문 밖 사의재의 아욱국이 생각나고 월출산 자락 백운동원림의 백운 12경도 눈에 아른거릴 것이다. 아는 만큼 보인다는 「나의 문화유산답사기」의 '남도답사 일번지'를 다시 펼쳐 읽을지도 모르겠다.

맛 기행 미식가는 강진의 한정식을 최고로 치고 옴천의 토하젓과 마량항의 싱싱한 생선회 맛도 잊지 못할 것이다. 강진에서 민박했거나 '1주일 살기'를 하고 간 사람은 고즈넉한 강진달빛한옥마을의 온돌방이 그립고 한지 문살에 붉은 꽃잎처럼 번져가는 아침 햇살을 기억하는 여행객도 있을 것이다. '내 마음이 닿는 곳 강진'의 구석구석이 눈에 밟힐 것이다.

　이처럼 강진은 명실공히 남도 답사 1번지이다. 특별히 내 마음이 닿는 곳이 강진이기도 하다. 전국의 여행객이 꼭 찾고 싶은 감성 도시가 강진인 것이다.

　강진의 보물은 또 있다. 고려청자이다. 익히 아는 대로 고려청자는 고려 시대에 만들어진 푸른빛의 자기이다. 그릇 표면 유약의 빛깔 때문에 청자라는 이름을 갖고 있다. 비취의 색깔을 닮았다 하여 고려청자를 비색(翡色)이라고 한다.

　중국 송나라의 대학자 태평 노인이 그의 저서 『수중금』에서 천하의 명품으로 고려청자의 비색을 꼽았다는 건 널리 알려진 사실이다. 당대를 대표하는 학자가 청자의 종주국 중국인들조차 흉내 낼 수 없었다는 게 고려청자의 비색이라며 극찬을 한 것이다.

　청자는 수백 년간 중국문화의 상징이자 자부심이었다. 생산도 독점해 왔다. 그런 중국 청자의 제작 기술을 앞섰다는 건 특별한 의미 이상의 의미가 있었다. 고려청자의 비색이야말로 고려인들의 예술적 역량과 장인정신이 온전히 담긴 우리의 문화유산 1호라고 감히 얘기할 수 있겠다.

　태평 노인을 매료시킨 고려 비색의 원리는 무엇일까. 관련 문헌들을 살펴보니 투명한 유약과 태토 빛깔 외에도 근본적으로 받쳐주는 게 있었다. 바로 가마였다. 중국은 벽돌가마를 썼지만 고려는 초기부터 진흙 가마에서 청자를 구웠다. 청자의 성패를 가르는 불과 공기와의 싸움에서 진흙 가마 속 불과 흙이 만나 오묘한 비색을 만들어냈다. 여기에 고려만의 독특한 상감기법이 더해져 천하명품이 탄생한 것이다.

고려 천년의 자랑 고려청자, 그 중심에 청자의 수도 강진이 있다. 강진 일대는 고려청자의 주생산지였다. 이런 사실이 처음 알려진 것은 100년 전으로 거슬러 올라간다. 1913년 강진에서 고려청자 조각이 처음 발견된다. 지금의 사당리 청자박물관 터였다. 그 후 본격적인 발굴 조사가 이뤄져 지금까지 강진 일대에서 무려 188개의 가마터를 확인했다니 강진이 그 중심 중의 중심임을 부인하는 사람은 없을 것이다.

천하제일 고려청자의 비색은 그렇게 강진에서 탄생했고 꽃을 활짝 피웠다. 사당리와 당전마을, 삼흥리, 운용리 등에 좋은 물과 흙이 풍부했다. 청자 특유의 푸른빛을 내는 데 필요한 산화 제2 철이 알맞게 들어 있는 흙도 있었다. 그리고 강진만에서 연결되는 물길이 있어 500여 년간 청자를 고려왕실에 공급할 수 있었다.

고려청자의 본향답게 강진에서는 쉽게 청자 작품들을 만날 수 있다. 상가든 사무실이든 공공기관의 로비든 청자 작품이 없는 곳이 없다. 읍내 입구와 도로 로터리는 물론 눈에 잘 띄는 산마루에서도 청자 조형물이 관광객을 반긴다. 가우도의 저두 방향 다리의 명칭은 청자다리이고 가우도 산 정상 짚트랙 탑승장은 청자타워이다.

우리 집 한옥 거실에도 청자가 있다. 매병과 주병이 제자리를 잡고 있다. 제법 큰 달항아리 청자 '천학' 작품도 있다. 40마리씩 25줄로 천 마리의 학이 무리를 지어 날아가는 모습이 장관이다.

> 잉걸불 입에 물고 열반에 들었는지
> 태토(胎土)는 말이 없고 새소리만 요란하다
> 상처가 상처를 보듬는 옹이 같은 만월 한 점.
> 천 년 전 왕조가 다스린 불의 비사
> 물레에 칭칭 감긴 밀서를 펼쳐 들자
> 일제히 흰 깃을 치며 날아가는 새 떼들.
>
> -유헌, 「천학, 날다」 전문

잉걸불이란 무엇인가. 활활 타올라 이글이글한 숯불이다. 가마에서 잘 익은 태토는 열반에 들었고, 새겨넣은 천학의 문양에서 새소리가 요란하니 일단 작품은 성공이다. "상처가 상처를 보듬는" 상감으로 온갖 풍상이 빚은 최고의 결정체 옹이 같은 보름달이 두둥실 떠오른다. 고려 천 년의 비기로 완성된 '천학'에서 천 마리의 학이 "일제히 흰 깃을 치며 날아가"고 있다. 강진 도공의 손끝에서 살아 숨 쉬는 강진 청자의 걸작이 탄생하는 순간이다.

문학작품 속의 청자는 어떤 모습들일까. 시조시인 김상옥(1920~2004)은 1947년에 발표한 첫 시조집 『초적』의 「청자부靑磁賦」에서 "보면 깨끔하고 만지면 매촐하고~ 천 년 전 봄은 그대로 가시지도 않았네"라며 청자의 아름다움과 정신적 가치, 역사적 영원성을 찬양했다. 월탄 박종하(1901~1981) 역시 같은 제목의 시 「청자부」에서 "조촐하고 깨끗한 비취여, 가을 소나기 마악 지나간 구멍 뚫린 가을하늘 한 조각, 물방울 뚝뚝 서리어 곧 흰 구름장 이는 듯하다"라고 노래했다.

문학인뿐만 아니라 국립중앙박물관장을 지낸 최순우 (1916~1984)는 '하늘빛 청자'라는 글에서 청자의 비색을 "비가 개고 안개가 걷히면 먼 산마루 위에 담담하고 갓 맑은 하늘빛"에 비유했고, 미술사학자 고유섭(1905~1944)은 그의 저서 '고려청자'(1939년)에서 "화려한 듯하지만 그 속에는 여전히 따뜻하고 고요한 맛이 있다."라며 청자는 고려인의 '파란 꽃'이라고 했다.

이처럼 세계인을 매료시킨 청자 비색의 비밀은 무엇인가. 바로 조화였다. 흙과 불의 오묘한 만남, 문양을 그대로 드러내는 투명한 유약과 태토 빛깔의 절묘한 만남, 투명하고 맑은 물빛과 그 아래 화강암이 빚어내는 조화, 그 물빛이 비색이라니 경이롭기까지 하다. 너와 내가, 가족이, 이웃이, 사회가 함께 사는 세상, 극과 극으로 치닫는 우리 사는 세상의 조화를 강진 청자의 비색에서 찾아보면 어떨까.

다시, 모란

　모란이 돌아왔다. 세상은 시끄럽고 날씨는 늦도록 변덕을 부렸지만 모란은 올해도 잊지 않고 찾아왔다. 꽃샘바람을 헤치고 찾아왔다. 화중지왕(花中之王)의 걸음으로 당도했다. 먼저 도착한 꽃들이 하나같이 자세를 낮췄다. 꽃의 왕답게 행차는 화려했고, 자태는 우아했다.
　벚꽃도 자목련도, 유채꽃도, 진달래와 철쭉꽃도 몸을 낮추고 화왕(花王) 모란을 맞았다. 모란은 다채로운 왕관을 쓰고 왔다. 자홍, 빨강, 분홍, 노랑, 하양, 보라 등 화사한 표정으로 우리 곁으로 돌아왔다. 우리 집 화단에도, 옆 동네 담장 아래에서도 모란이 활짝 피었다.
　모란은 곳곳에서 피고 지지만 유명세로 치면 역시 영랑생가의 모란이 첫손가락에 꼽힐 것 같다. 해마다 봄이 되면 안채와 사랑채 사이에서 무더기로 벙글고 사랑채 옆 언덕에서도 가파르게 핀다. 우리들 가슴에 그리움처럼 붉게 피고 옛사람의 그림 속, 병풍 속에서도 화사하게 늘 등장했다.
　내가 사는 강진의 군화, 군을 상징하는 꽃이 최근 동백에서 모란으로 바뀌었다. 모란꽃의 꽃말처럼 부귀와 번영의 염원을 군화(郡花)에 담고 있다니 희망적이어서 좋다. 화사해서 참 좋다. 이번에 군조(郡鳥)도 까치에서 고니, 군목(郡木)은 은행나무에서 동백나무로 역시 바뀌었다. 김영랑의 「모란이 피기까지는」, 강진만 생태공원의 대표철새 고니, 천연기념물인 백련사의 동백나무가 한몫했을 것이다. 상징성과 지역성이 잘 드러나 있어 자연스럽다.

　모란의 경우는 문학인들의 작품 속에 자주 등장해 더 친숙한 느낌이 든다. 특히 김영랑의 시「모란이 피기까지는」은 국민 애송시라고 할 정도로 널리 알려져 있어 봄이 되면 "모란이 피기까지는 나는 아직 기다리고 있을 테요, 찬란한 슬픔의 봄을"이라는 시의 끝부분을 읊조리기도 한다. 영랑 시의 모태가 된 그 영랑생가에 다시 모란이 찾아왔다.

　　북산(北山)의 뻐꾸기도 울다 지친 5월 한낮
　　모란의 꽃그늘은 깊고도 서러워라
　　가파른 가슴에 지은 자줏빛 시 한 채.

　　　　　　　　　　　　　　－유헌,「다시, 모란」전문

　모란꽃은 화려하지만 문학작품 속에서 기쁨보다는 슬픔과 아픔으로 등장하는 경우도 종종 있다. '찬란한 슬픔의 봄'이 그렇다. 영랑의 모란은 전설적인 무용가 최승희 선생과의 사랑과 상실의 아픔을 노래하고 있다고 해석하는 사람들도 많으니 말이다.

위에 소개한 「다시, 모란」도 마찬가지이다. 봄날의 모란은 화사하지만 그 "꽃그늘은 깊고도 서러워" 행여 누가 볼세라 가슴에 시를 짓고 자줏빛 모란은 다시 한 편의 시가 된다. 영랑이 겪었을 일제강점기의 가파른 현실을 모란에 비유하고 있는 작품이라 할 수 있다.

모란은 흔히 작약과 비교되기도 한다. 4월에서 5월 사이에 꽃이 피는 모란은 나무 형태의 낙엽 관목으로 겨울이 되면 잎이 떨어진다. 반면 작약은 풀 형태로 자라며 모란보다 늦은 6월경에 꽃이 피고 겨울에 땅 윗부분은 죽고 봄이 되면 다시 새로운 싹이 나온다.

뒤란의 돌담길이 봄낮처럼 늘어진 날, 동백 숲 동박새 절로 눈빛 붉어지자, 벙그네 벙그러지네 백모란 엇둘엇둘. 만세, 만세 소리 탑동골을 뒤흔들던 날, 축 늘어진 모란잎도 허리 펴며 다시 서고, 영랑의 두루마기 자락 나부끼네 펄럭펄럭. 돌우물 속 흰 구름은 가출 같은 외출 중, 땡감나무 눈망울만 모란꽃인 양 붉어졌네, 서늘한 가지에 걸린 시로 지은 새집 하나. 사랑채 모퉁이 언덕바지 양지뜸에, 종일 눈이 내리네 쌓이네 쌓여쌓네, 백모란꽃 이파리 같은 눈이 폴폴 내리네.

-유헌, 「생가의 사계」 전문

모든 꽃이 피고 나면 지듯이 올해 영랑생가에 핀 모란도 머잖아 다 지고 말 것이다. "모란이 지고 말면 그뿐, 내 한해는 다 가고 말아"라고 영랑은 '봄을 여읜 설움'을 노래했지만 모란은 여전히 우리들 마음속에 피어 있을 것이다. 모란꽃을 군화(郡花)로 둔 강진에서는 더욱 그렇다. 영랑생가의 사계가 면면히 이어지듯, 계절의 순환이 구강포구 강물처럼 끊임없이 이어지듯이 말이다.

제3부

양말을 대하는
태도에 관하여

새와 나

　산골에 산 지 여러 해가 되었다. 월출산 자락에서 말이다. 거기가 무슨 산골이냐고 갸웃하는 사람이 있을지 모르겠으나 나는 그냥 산골이라는 말이 좋다. 산촌의 연둣빛 숲이 좋고 검푸른 신록이 좋다. 시나브로 단풍이 드는 감나무골이 좋고 폭설로 그린 설경이 좋다.

　산이 거기 있어 날마다 운동도 한다. 월출산 자락 녹차밭 주변까지만 가면 산책이고, 경포대 계곡을 오르면 등산이다. 집에서부터 걸어서 산에 가면 산책과 등산이다. 저녁을 먹고는 가볍게 동네 한 바퀴를 다시 돈다. 걷고 또 걸을 수 있어 좋다. 산촌에서 그렇게 살고 있다.

　걸으면 보인다. 논틀밭틀길에 들국화가 지천이고 벼논도 시나브로 물이 든다. 콩밭도 노래졌다. 월출산 천황봉에 걸린 구름도 시시각각 모습을 바꾼다. 이처럼 계절은 항상 어김이 없다. 입춘인가 싶으면 입하고 어느새 입추와 입동으로 이어진다. 계곡 바람을 타고 사계(四季)가 성큼성큼 달려오곤 한다.

　가을의 문턱을 넘으니 까치와 삔추의 발걸음도 바빠진다.

오르르 몰려왔다가 우르르 날아간다. 추수를 앞둔 논밭을 무차별 공격한다. 그야말로 전쟁이다. 새와의 전쟁 말이다. 새의 날갯짓이 바빠질수록 새를 쫓기 위한 농부들의 고심도 깊어간다. 허수아비는 고전이고 알록달록한 오색 줄도 무용지물이다. 깡통을 두드려도 그때뿐이다. 커다란 독수리 연을 매달아 감시하지만 그것도 그리 신통력을 발휘하지는 못하는 것 같다.

새와 인간, 언제부터 서로 불편한 사이가 되었을까. 어렸을 때 교과서에서 봤던 것으로 기억한다. 익조(益鳥)와 해조(害鳥)에 대해서 말이다. 그래서 막연하게 인간에게 이로운 새는 제비, 해로운 새는 참새 정도로 생각했다. 제비는 해충을 잡아먹고 참새는 방앗간을 걍 지나가지 않는다.

그런데 웬걸. 까치가 문제였다. 참새는 조족지혈(鳥足之血), 새 발의 피였다. 우리 집 마당 잔디밭에도 참새가 많이 날아오지만 벌레를 잡아먹는지 그냥 잘 놀다가 포르르 날아간다. 까치는 달랐다. 감이 익기도 전에 먼저 쪼고 심지어 텃밭의 고추까지도 붉은 부분부터 먹어 치웠다. 까치 소리는 아침을 여는 노래요, 까치가 울면 손님이 온다는 말도 모두 거짓말처럼 돼 버렸다. 까치까치설날도 빛이 바랬다.

어느새 새가 농부들의 생계까지 위협하는 골칫거리가 된 지 오래다. 그만큼 새로 인한 농작물 피해가 심각하다는 얘기다. 나야 농사가 주업이 아니니까 새에게 조금은 너그러운 편이다. 자그만 텃밭에다 동네 30세대가 조금씩 나눠서 짓는 몇 줄

공동텃밭 정도가 고작이기 때문이다.

> 싹들이 나왔다 파랗고 여린 싹들
> 새들이 날아왔다 떼로 날아왔다
> 싸그리 거짓말처럼 싹들이 사라졌다.
> 한 줄을 더 심었다 여분으로 더 심었다
> 새들이 날아왔다 떼로 또 날아왔다
> 간간이 거짓말처럼 싹들이 올라왔다.
>
> ―유헌, 「새와 나」 전문

난 특별히 새를 좋아한다. 참새, 그 자그만 것들이 나뭇잎 속으로 순식간에 숨어드는 걸 지켜보고 있으면 신비롭기까지 하다. 폴짝폴짝 뛰어가는 까치를 보면 웃음이 절로 나온다. 언제부턴가 내가 아닌 새의 입장이 되어 보니 친구가 됐다. 마당의 과일은 조금씩 새와 나눠 먹으면 되고, 나의 시조(時調)「새와 나」처럼 콩은 여분으로 한 줄 더 심으면 된다는 생각으로 살고 있다. 그러니 편하다. 자연이 좋아 찾아온 산촌에서 나까지 새와 대결하며 살 수야 없지 않겠는가.

소나들 다리를 거닐며

소나들? 무슨 말이지? 소나들 다리? 어디에 있어? 아무리 물음표가 많아도 답은 하나다. 없음이다. 당연히 모를 수밖에. '소나들 다리'는 내 상상 속에, 문학 속에 존재하는 다리 이름이기 때문이다. '소나들 다리'의 배경이 된 그 다리를 천천히 걷는다. 황소의 걸음으로 느릿느릿 걸으니까 파도 소리가 보이고 풍경 너머로 핑경소리도 들리는 듯하다.

강진의 지형을 풍수지리에서는 소가 엎드려 있는 와우형국(臥牛形局)이라고 한다. 강진사람이면 이 정도는 누구나 알고 있다. 강진의 주산인 우두봉(牛頭峰)이 소의 머리에 해당한다는 사실도 물론 알고 있다. 1872년 「지방지도」와 『강진군 마을사』 등 옛 기록을 살펴봐도 그렇다. 우두봉 앞 시가지는 소의 얼굴에 해당하며, 동문과 서문의 큰 우물은 소의 눈에 해당한다는 것이다. 우두봉의 서쪽 산록을 혀끝이라 하고, 앞쪽의 평야지대 마을을 목리(牧里)와 초동(草洞)이라 명명하였다는 기록도 있다.

이러한 사실들은 강진사람들이 즐겨 찾는 보은산 등산로에서도 쉽게 만날 수 있다. 우두봉 오르는 길 열두 고개를 소와 관련된 지명들로 설명하고 있으니 말이다. 옛이야기를 들으며 힘든 고갯길을 넘다 보면 어느새 돌샘 가는 삼거리가 나오고 우두봉 정상에 도착한다.

그 첫 고개가 초지(草旨) 고개요, 둘째는 휴우치(休牛峙) 고개, 셋째는 노우치(勞牛峙) 고개, 넷째는 우분(牛糞) 고개이다. 황소가 풀을 뜯는 목리, 휴식을 취하는 도암 덕촌마을 고개, 쟁기질하는 모습의 도암 차경마을, 농사를 짓는데 필요한 황소의 분뇨는 강진 생명과학과의 전신인 강진 농고와 군동면 경계 지역을 각각 의미한다니 참 재미있고 일리도 있어 보인다.

더 걷다 보면 황소의 귀에 해당하는 이본(耳本) 고개, 워낭을 일컫는 우령(牛領) 고개, 두 눈과 혀, 구유를 일컫는 쌍목(雙目) 고개, 설치(舌峙) 고개, 구유 고개를 만날 수 있다. 이본은 성전 홍암마을 뒷산 능선 너머 귀밑재, 워낭은 고성사 범종 소리, 쌍목은 동문안과 서문안 샘, 설치는 강진읍 서쪽의 시끝, 구유는 송현마을 뒤 구시골이라니 고개가 절로 끄덕여진다.

드디어 열두 고개, 마지막 고개는 우두봉 정상, 황소의 머리이다. 439m의 우두봉 정상에서 바라보는 저 아래 윤슬, 가물가물 돛단배처럼 떠 있는 섬, 소의 멍에에 해당하는 가우도(駕牛島)가 손에 잡힐 듯 다가온다.

저두와 망호 사이 그쯤에 서 있는 섬
소의 멍에를 닮아 가우도라 불린다지

이랴아 이랏차차차 바다를 갈아온 생.

그 섬에 닿고 싶어 외줄로 그은 다리

암소의 나들이 같은 황소의 나루 같은

가우도 소나들 다리 출렁, 출렁다리.

-유헌, 「소나들 다리」 전문

   가우도 출렁다리에 내가 문학적으로 붙인 이름이 '소나들 다리'이다. 사실 '출렁다리'라는 명칭은 밋밋하다. 전국 어디에 가도 그런 이름은 있다. 가우도의 역사, 특징이나 형상을 나타내는 것도 아니다. 한마디로 특색이 없다. 출렁거리는 다리도 아니다. 그래서 강진군이 지난 2021년에 다시 지어 붙인 이름이 '다산과 청자의 만남 다리' 약칭, 다산 다리, 청자 다리이다. 도암면 망호 쪽이 다산이고 대구면 저두 쪽은 청자이다. 어느 정도 역사성은 있어 보이지만 조금은 생뚱맞은 것도 사실이다. 강진의 대표적 관광지 가우도를 잇는 다리를 둘로 쪼개버렸으니 더욱 그렇다. 너무 왜소해져 버린 것이다.

   지명이든 명칭이든 역사성이 중요하다. 와우형(臥牛形) 강진에 소와 관련된 이름들이 많듯이 말이다. 어감도 좋아야 한다. 부르기도 편해야 한다. 그 이름만 들어도 궁금해지는 곳, 감성을 자극하고 그리운 상상력을 불러낼 수 있는 이름을 관광지 명칭으로 붙인다면 이게 바로 금상첨화 아니고 무엇이겠는가.

   금방이라도 파도 이랑 너머에서 소 울음소리 들려올 것 같은, 소의 나루 같은, 소의 나들이 같은 소나들, 힘든 노동을 마친 황소의 나들이, 소처럼 느릿느릿 천천히 즐기며 걷는 다리, '내 마음이 닿는 곳 강진' 그곳에 가면 가우도 '소나들 다리'가 있다.

화성으로 간 남자

그랬다. 남자가 화성으로 갔다. 31살 젊은 나이에 말이다. 화성에 신도시를 건설하라는 명을 받고 화성으로 날아갔다. 남자는 하늘의 이치, 천문지리에 능통했다. 수학자요 과학자, 의학자이기도 했던 남자는 화성 건설을 위한 설계에 들어갔다.

1792년 초여름, 남자는 왕의 부름을 받는다. 부친의 삼년상을 치르기 위해 고향에 내려와 있었지만 남자는 지체 없이 입궐했다. 대왕과 마주 앉았다. 왕은 책 한 권을 남자에게 툭, 건넸다. '기기도설'이었다. 서양 기계들의 원리를 적은 책이었다.

남자는 밤낮으로 기기도설과 씨름을 했다. 온몸이 땀으로 뒤범벅이 되었다. 눈도 침침해졌다. 그렇게 기계들의 이치 파악에 온통 몰두했다. 조선의 현실에 맞는 기계를 만들어내기 위해 고민 또 고민했다. 공사 기간을 줄이고 공사비도 줄여야 했다. 백성들의 땀도 덜어야 했다.

남자가 기본 설계를 마치고 성설(城設)을 지어 왕에게 올렸다. 화성건축의 핵심사항들을 8개 항목으로 정리한 설명서, 성설을 왕이 즉시 재가했다. 돌을 깎아 성을 쌓되 여느 성보다 더 크고 높게 짓도록 했다. 형태와 기능 면에서 세상 어느 성보다 낫도록 설계했다. 남자는 아이디어를 총동원했다.

드디어 첫 삽을 떴다. 왕조의 사활을 건 장기 프로젝트, 조선판 신도시 건설의 서막이 오른 것이다. 때는 1794년 정월이었다. 거중기가 올라가고, 유형거가 달리고, 녹로가 돌아갔다. 팔도에서 모인 벽돌공들이 흙벽돌을 찍어냈다. 남자가 만든 기계들은 공사비용과 기간을 단축시키고 백성들의 수고를 크게 덜어줬다.

> 화성 탐사선 그 상상 속 우주인처럼 남자가 화성에 첫발을 내딛었다 한바탕 붉은 흙바람이 휩쓸고 지나갔다 붓끝이 흔들렸다 닥종이 도면이 연처럼 날아갔다 그려라 왕조의 꿈 쌓아라 철옹성을, 돌려라 돌려 돌려 도르래를 빙빙 돌려 거중기 높이 세워 세상을 들어 올려라 백성을 하늘처럼 받들어 올려라 수원 화성(華城)은 백성을 지키는 성이고 백성의 터전이었다 백성의 나라였다 남자가 그린 세상은 백성이었다 그 남자, 다산이 그린 세상 정조의 꿈이었다
>
> —유헌, 사설시조 「화성으로 간 남자」 전문

정조대왕은 왜 그 남자, 다산에게 '기기도설'의 이치를 깨치라고 했을까. 수원화성을 다산에게 디자인하라고 했을까. 왜 다산과 함께 왕조의 꿈을 펼치려고 했을까. 물론 다산의 수학

적 재능과 과학적 역량 등 그의 능력을 높이 산 게 일차적인 이유였겠지만 그보다 더 중요한 것은 사상과 철학이 서로 맞아떨어졌기 때문이 아닐까. 백성을 먼저 생각하는 애민사상 말이다.

 수원화성을 짓는 백성들에겐 품삯을 지급했다. 일한 만큼 다르게 줬다. 그냥 강제 동원한 게 아니었다. 10년에 끝날 일을 2년 8개월 만에 완공했다. 방어만을 위해 성을 쌓지는 않았다. 성안에서 백성들이 살 수 있도록 도읍을 지었다. 백성을 위하는 정조와 다산의 마음이 맞닿았기 때문에 가능한 일이었다.

 다산과 함께 수원화성을 건설한 정조의 기록 정신 또한 우리의 빛나는 유산이 되었다. 성의 설계에서부터 완성까지 전 과정을 세세히 기록했다. 기계 장비의 사용법은 물론 공사에 참여한 장인들의 이름까지 '화성성역의궤'에 남겼다. 후대를 위해서였다. 한국전쟁 중 폭격으로 누각 등이 불에 탔지만 그 기록이 남아 있어 원형에 가깝게 복원해 수원화성은 1997년 유네스코가 정한 세계문화유산으로 당당히 이름을 올렸다.

 그 남자 다산이 강진으로 왔다. 화성 건설을 마친 지 5년 만이었다. 1801년 동짓달, 칼바람 삭풍을 가슴에 안고 무거운 발걸음으로 강진 땅을 밟았다. 그리고 귀양지 강진에서 500여 권 저술이라는 전무후무한 기록을 남겼다. 백성을 위한 그의 행보는 강진에서도 이어졌다. 그 다산을 품은 강진이 자랑스럽다.

빨대

　세상이 시끄럽다. 조용할 날이 없다. 대포가 펑펑 터지고 미사일이 휙휙 날아간다. 물 폭탄이 폭포처럼 쏟아지고 불덩이들도 도깨비불처럼 날아다닌다. 포성은 멎지 않고 자연재해는 끊이지 않는다. 21세기 내가 사는 지구촌의 일그러진 자화상이다.
　요즘 TV 화면 속 칠레 산불 현장만 봐도 그렇다. 지구 반대쪽 남반구에서 불이 났는데도 안방에서 열기가 훅 느껴질 정도로 불길이 사납다. 화마가 휩쓸고 지나간 자리는 전쟁 후의 폐허처럼 상처가 앙상하다.
　왜 갈수록 지구환경이 험악해지는 걸까. 폭염에 시달리고 폭설에 갇히고, 가뭄이 들고 홍수가 지는 걸까. 이제 이 정도는 모두가 다 아는 상식이다. 우리 인간이 낳은 욕심이 부메랑이 되어 지구를 덮치고 있다는 사실 말이다.
　세계 곳곳에서 속출하는 기상이변의 주범은 지구온난화이고, 지구온난화의 주범은 무분별한 화석연료 사용 등 온실가스 배출이라는 걸 요즘은 누구나 알고 있다. 온실가스로 지표면에 열이 갇히면 기온이 상승해 공기 중에 수분이 많아지고 지표면은 더 건조해져 동시다발적으로 물난리 불난리로 이어지기도 한다.

칠레의 대형 산불도, 인도 히말라야 인근 지역의 폭우로 빙하호가 터져 수많은 인명과 재산 피해가 발생한 일도 강 건너 남의 일이 아니다. 전 세계 담수의 20%를 차지하는 아마존강이 말라간다는 사실 역시 먼 나라 얘기가 아니다. 기후 위기는 인류가 함께 극복해야 할 생존의 문제이다.

> 쪽, 하고 빠는 순간 열기가 확, 솟구쳤다
> 반구의 아랫도리가 훅, 뜨거워졌다
> 남극의 빙하 한 조각 푹푹, 녹아내렸다
>
> -유헌, 「빨대」 전문

기후 변화 원인 중의 하나는 온실가스다. 과다 온실가스가 문제다. 온실가스는 주로 플라스틱 생산과정에서 발생하는 것으로 알려져 있다. 석유와 천연가스에서 얻은 석유화학제품에서 플라스틱이 나오기 때문이다, 이때 다량의 메탄과 이산화탄소가 공기 중으로 배출돼 지구를 달군다. 지구온난화의 시작이다.

이렇듯 기후 위기를 부르는 온난화의 배후에 플라스틱이 한몫하고 있는데도 정부 정책이 후퇴하고 있어 걱정이다. 환경부에서 소상공인 부담 완화를 이유로 커피숍의 빨대 등 사실상 플라스틱 사용 규제를 철회하는 방안을 발표했기 때문이다.

나는 혼자지만 그 시간 지구촌 곳곳에서 빨대로 커피를 마신다고 생각해 보라. 모이고 모이면 태산이 된다. 플라스틱은 잘 썩지도 않는다. 분해돼 없어지려면 500년에서 길게는 천년이 걸린다는 게 플라스틱이다.

내가 커피숍 창가에 앉아 시원한 커피를 마실 때 지구 반대편에서 빙하가 푹푹 녹아 해수면이 상승하고, 해안지역이 침수되고, 생태계 변화로 생물들이 서식지를 잃거나 멸종 위기에 처하고, 기후 변화가 가속화된다고 생각해 보라. 정말 섬뜩하다.

2024년, 절기상 우수, 남도에 폭우가 내리고 있다. 쏟아졌다 그치기를 반복한다. 강원도에 또 폭설이 내리고 있다. 중부지방까지 대설 특보가 확대 발효됐다. 왜 이럴까. 자그만 나라 안에서 같은 날 폭우가 내리고 폭설이 내리는가.

가까운 이웃 중국도 이상 기후로 요 며칠 난리다. 중국 북서부 신장에는 며칠째 영하 50도의 한파에다 모래폭풍까지 겹쳐 혹한의 겨울이 이어지고 있는 모양이다. 남부 구이저우성에서는 기온이 38도까지 치솟는 이상고온으로 곳곳에서 산불이 발생하는 등 피해가 늘어나고 있다는 소식이다. 중국의 땅덩어리가 크긴 하지만 한 나라 안에서 남북 간 온도 차가 90도라니 믿기지 않는다.

이런 기상이변은 어디서 오는 걸까. 봄인가 했더니 여름이다. 여름은 끝이 없다. 폭염이 기승을 부린다. 꽃도 뒤죽박죽 아무 때나 피고 진다. 겨울엔 혹한이 계속된다. 널을 뛰듯 기온이 오락가락한다. 방심하다간 머잖아 우리 모두가 큰 위기에 처할 수 있다. 남의 일이 아니다. 지구를 지키는 일, 우리의 사계절을 지키는 일, 늦었지만 다시 지구환경을 생각해야 한다. 지금부터, 나부터.

한류, 날개를 달다

한류 바람이 거세다. 지구촌 곳곳에 한류 열풍이 불고 있다. 한류(韓流)란 무엇인가. 해외에서 선풍적인 인기를 끄는 한국의 대중문화라고 사전은 설명하고 있다. 또 다른 사전은 '우리나라의 대중문화 요소가 외국에서 유행하는 현상으로 90년대 말에 중국, 일본, 동남아시아에서부터 비롯되었다'라고 적고 있다.

그래서 한류(Korean wave)라 하면 K-pop, K-드라마, K-영화 등 K-컬쳐(culture)가 이를 대표해 왔다. 그런데 그것도 옛말, 요즘은 대중문화를 넘어 한류 바람이 전방위적으로 불고 있는 것 같다. 한글, 문학, 김치, 푸드, 뷰티, 패션, 심지어 K-응원봉, K-민주주의, K-치안이라는 용어까지 등장했으니 가히 한류 쓰나미가 전 세계를 휩쓸고 있다고 해도 지나친 말은 아닐 것 같다.

한류의 힘은 어디에서 오는가. 왜 외국인들은 우리에게 공감하고 열광할까. 그 거대한 물결의 원천을 한두 가지로 설명할 수는 없겠지만 한국인의 국민성을 첫째로 꼽는 사람들이 많다. 우리 국민 특유의 감수성 말이다. 우리 민족은 5천 년이라는 길고 긴 역사 속에서 수많은 외세의 침입과 약탈을 이겨 내 지금에 이르렀다.

그 후 놀라운 경제성장과 민주주의를 스스로 이룩했다. 가까운 이웃 나라들과 비교해 봐도 차이가 있다. 중국은 민주주의든 문화든 거대한 힘에 아직은 눌려 있다. 일본의 민주주의는 우리처럼 투쟁해 얻은 게 아니었다. 그러나 우리는 우리 힘으로 쟁취했다. 싸워서 획득했기 때문에 잠재력, 저력이 생긴 것이다. 그래서 민주주의 이후 억눌려 있던 한국문화의 대폭발 시대가 열린 것이다. 우리 국민의 속힘이 각 분야 전문가들을 만나 꽃을 피운 것이다.

이런 놀라운 결과는 국내 시장에 안주하지 않고 일찍부터 글로벌 시장으로 눈을 돌린 혜안이 있었기에 가능했다. 맨파워(manpower)들의 치열한 프로 정신이 있었기에 바람을 일으킬 수 있었다. 그 개인 역량이 몇 년 사이에 생긴 것은 물론 아닐 것이다. 삼국시대, 고려, 조선을 거쳐 우리 역사 속에서 면면히 이어져 내려왔기 때문에 저만의 힘이 생긴 것이리라.

한류의 원조라고 할 수 있는 K-pop의 경우만 해도 그렇다. 일찍이 해외 시장에 눈을 뜨고 그에 걸맞은 엔터테인먼트(entertainment) 시스템을 갖추고 글로벌 인재들을 길러냈다. 팀 이름은 물론 가사도 멜로디도 세계인들의 구미에 맞춰 시장에 내놓았다. 거기에 현란한 댄스까지 곁들인 무대를 연출하니 세계인들이 열광하는 거다.

지구 반대편 남미의 어느 호젓한 어촌이든 히말라야 깊은 산골이든 사람이 사는 곳이면 어디든 한류가 흐르고 있다. 참 놀라운 일이 아닐 수 없다. 내가 알지도 못하는 그룹의 멤버 이름을 줄줄이 외고 그들의 활동사진들을 책상 앞에 붙여놓고 노래를 흥얼거리니 이게 모두 문화의 힘 아니고 무엇이겠는가.

한류가 우리 경제에 미치는 영향도 만만치 않은 것으로 알려져 있다. 콘텐츠 판권은 물론 관광이나 소비재 수출 등 다양한 분야에서 수조 원대 이상의 경제적 효과를 가져온다니 놀라운 일이 아닐 수 없다. 단순히 한류 콘텐츠가 흥밋거리로만 머물지 않는다는 얘기다. 팬덤 현상을 넘어서 산업적 효과, 나아가 국가 브랜드 가치 창출로 이어지고 있다. 문화강국이 경제 강국이 되는 세상이 온 것이다.

그래서 일찍이 김구 선생도 백범일지에서 '나는 우리나라가 세계에서 가장 아름다운 나라가 되기를 원한다. 그리고 오직 한없이 가지고 싶은 것은 높은 문화의 힘이다. 문화의 힘은 우리 자신을 행복하게 하고, 나아가서 남에게 행복을 주기 때문이다.'라며 문화강국을 설파했나 보다.

내가 개인적으로 머지않은 미래의 한류 대열에 하나 더 보태고 싶은 것이 있다. 바로 천년 전통의 우리 시 시조(時調)이다. 당장 시조문학이 돈이 되지는 않겠지만 세상 어느 곳에 내놓아도 자랑스러운 우리만의 문학 형식이 시조이기 때문에 정신문화 차원에서 더욱 그렇다.

실제로 한국시조시인협회 등의 단체에서 꾸준히 시조의 국제화에 공을 들이고 있어 고무적인 부분도 있다. 국내의 한 한류문화대학원에서는 '한류'라는 이름을 걸고 시조 창작 전공을 개설해 시조를 가르치고 있으며 '한류시조'라는 문학동인도 활발하게 활동 중이니 한번 기대를 해봐도 좋을 것 같다.

나와 나 사이엔 강이 흐르고 있어
결코 마르지 않는 뜨거운 피 말이야
물길이 너무나 깊어 퍼렇게 힘줄이 선.
이 한 뼘의 거리가 천 리나 되는 걸까
닿을 수 없어 안타까운, 그리워 몸살이 나는
앙가슴 끝에 매달린 남과 북의 멍울이여.

-유헌, 「유두(乳頭)」 전문

꽁꽁 얼어붙은 남북문제가 봄눈 녹듯이 슬슬 풀리기를 바라면서 소개해본 시조이다. 나와 가장 가까이에 있는 신체의 한 부분 '유두'를 남과 북의 멍울로 비유해 표현한 2수로 된 현대시조이다. 이처럼 정형의 옛 그릇에 오늘의 서정을 담아내는 현대 시 중의 현대 시가 시조이다. 우리 한국인의 정신 그 자체가 시조인 것이다. 단시조 3행에 우주를 담을 수 있고, 우주 너머까지 다 품을 수 있다. 가장 한국적인 것이 세계적이라고 하지 않던가. 우리 주변에 한류로 키울만한 독특한 우리만의 것은 없는지 더 관심을 갖고 찾아볼 일이다.

선학동

 관음봉에 물이 차듯 달이 차오른다. 앞바다에 달이 차듯 물이 차오른다. 여인의 소복 자락 같은 새하얀 달빛이 너울너울 공지산 계곡을 타고 내려와 산마을을 지나 포구로 들어간다. 관음봉 달그림자를 품은 포구에서 밀물을 박차고 학이 날아오른다.
 소설처럼, 영화처럼 눈먼 소리꾼 여자의 한 맺힌 남도소리 한마당 들려올 것 같은 마을, 장흥 회진 선학동이다. 해발 260미터의 공지산은 마을 뒷산이고 그 정상이 관음봉이다. 이청준의 소설 「선학동 나그네」와 임권택 감독의 100번째 영화 '천년학'의 배경이 된 선학동은 내가 태어난 동네이기도 하다.
 내 고향 선학동에는 예부터 전해 내려오는 이야기가 있었다. 고깔처럼 뾰족하게 하늘로 치솟아 있는 공지산의 모습이 마치 법승의 두상을 닮았고, 산 정상을 중심으로 좌우로 길게 펼쳐진 산줄기는 법승의 장삼 자락이라는 것이다. 그래서인지 선학동 언덕 너머 '진목'이 고향인 이청준 작가는 소설 「선학동 나그네」에서 마을 뒷산을 관음봉 혹은 학산이라 부르고 있다.

관음봉이든 학산이든 산의 형상에서 비롯됐다고 할 수 있다. 병풍처럼 마을을 감싸고 있는 선학동 마을 뒷산의 모습이 영락없이 한 마리의 학이 커다란 날개를 펼치고 날아가는 모습이니 말이다. 그 후 마을은 자연스럽게 선학동이 되었다. 2011년의 일이었다.

그전엔 물론 '이회진' 등 여러 이름이 있었다. 내가 여섯 살 때 우리 집이 강진 우두봉 아래 산동네로 이사를 했었는데 그 당시 마을 이름은 '큰산밑에'였다. '산저'라고도 불렀다. 산 아랫마을이라는 뜻이다. 명절 때 아버지 따라 고향 갈 땐 항상 '큰산밑에' 조부님한테 간다고 했다. 그만큼 공지산은 마을 사람들에게 큰 산이었다. 마을의 랜드마크였고 상징이었다.

선학동은 회진항에서 남쪽으로 2km 정도를 더 들어간다. 교통수단이 발달하지 않던 시절엔 장흥읍에서 완행버스로 회진시외버스터미널까지 왔다가 다시 걸어서 들어갔다. 어쩌다 막차를 탄 날은 산짐승 우는 소리와 파도 소리가 뒤섞인 산길을 걸어야 했다. 아버지와 함께 손을 잡고 가도 다리가 후들거린 정도로 길은 호젓했다. 낭떠러지 해변이 끝나고 산모롱이를 돌면 멀리서 공지산이 먼저 반긴다. 고향의 불빛들이 따뜻하게 반긴다.

그 산모퉁이 갈림길에서 직진하면 영화 '천년학' 세트장이 나오고, 우측으로 길을 잡아 걸으면 자그만 삼거리가 나타나는데, 우측이 이청준의 고향 진목으로 오르는 언덕길이고, 곧장 직진하면 현대시조 문학의 거장 김제현 시인의 고향 연동이다. 연동을 지나 자그만 언덕에 올라서면 선학동이다.

선학동 가기 전에 항상 만나는 회진항, 고향으로 가는 길목. 그래서일까. 그곳을 떠나서도 회진포구는 늘 내 머릿속에 있었다. 그 푸른 앞바다가 늘 생각났다. 선학의 날갯짓에 깨어나는 바다, 드는 물 골막골막 쉼 없이 넘노닐고 눈이 먼 숭어 떼들의 군무(群舞)가 한창이던 그 봄날의 회진항, 참 그리운 고향 앞바다이다.

> 묶인 배들 닻줄 풀고 옹긋옹긋 떠나간다
> 관음봉에 걸린 낮달 설핏 재 넘어가듯
> 삽시에 사라져 간다, 내가 띄운 쪽배 하나
>
> −유헌, 「회진포구」 전문

난 선학동 '논고랑'에서 태어났다고 들었다. '논골짝'이라고도 했는데, 논이 있었던 골짜기라는 뜻일 게다. 지금의 선학동 앞들이 당시엔 바다였으니 아마 산골짝까지 논들이 있었던 모양이다. 얼마 전 그곳을 찾았다. 몇 집이 논골짝에서 살았다는데 지금은 흔적이 없다. 무성한 잡풀만이 오래된 시간을 지우고 있었다.

바다가 내려다보이는 그 논골짝에 이청준문학관 건립 계획이 있었으나 보류된 상태라고 했다. 오랜 객지 생활을 접고 고향 선학동으로 돌아와 살고 있는 사촌의 전언이었다. 역시 회진이 고향인 한승원 소설가의 딸 한강 작가가 노벨문학상을 받으면서 장흥군에서 좀 더 큰 문학의 그림을 구상 중이라고 했다.

선학동에는 논고랑처럼 정겨운 우리 토속 지명들이 많다. 마을 뒷산 관음봉 때문인지 불교와 관련된 지명들도 보인다. 전해 내려오는 이야기로는 공지산 중턱에 있는 구슬바구는 스님의 염주이고, 마을 앞의 동산인 대름은 목탁, 옆 마을 연동으로 넘어가는 종밑재는 목탁의 채, 그 입구의 선도팍은 스님의 전대라는 것이다.

또 일제강점기 선학동 앞바다를 간척해 농장을 조성했는데, 그 순흥농장이 생기기 전 동섬의 끝과 이어진 노도 들머리를 노두머리, 원머리라 했으며 그곳에 있던 주막은 막집이었다. 역시 구전에 의하면 영화 '천년학' 세트장이 들어선 동섬을 예전에 큰북채라고 불렀다니 놀라울 따름이다. 남도소리와 한(恨)을 주제로 한 영화 '천년학'이 이곳에서 촬영됐으니 말이다.

바다였을 당시 게가 많이 살던 바위는 독게바구, 농장 뒤 삼년고개 너머에 있는 북풍받이 길은 추운김이, 회진가는 길목 남향받이 산언덕은 따순김이, 삭금리로 넘어가는 길은 황금이재이다. 어머니는 산 너머 삭금에서 황금이재를 넘어 선학동으로 시집을 왔고 선학동 공지산의 하얀 달로 다시 떴다.

나물 캐고 나무하던 그 산이 그리웠을까
어머니 홀연히 산으로 들어가셨다

본 듯한 초저녁달이 산턱에 걸렸다

-유헌 「선학동의 달」 전문

　60년대 초반, 선학동은 오지 중의 오지였다. 아버지는 자식들 교육을 위해 고향 선학동을 떠나 강진으로 이사했다고 들었다. 지금 돌이켜보면 그 당시 선학동이나 강진 우두봉 아래 샛골이나 별반 다를 게 없는 벽촌이었지만 아버지 생각은 달랐던 것 같다. 선학동 논고랑에서 어렵게 사신 것처럼 강진에서도 산골짝 논 몇 마지기로 자식들을 가르쳤다.

해 아직 남았는데 해 뉘엿 넘어가면
산을 끌고 내려오듯 여섯 식구 끌고 오신
긴 봄날 아버지의 그늘, 내 유년의 산그늘

-유헌, 「산그늘」 전문

　큰 바지게를 지고 논둑길을 걷는 아버지는 그늘이었다. 선학동 공지산만큼이나 크고 높은 산그늘이었다. 회진포구 앞바다보다 더 넓고 품이 너른 그늘이었다. 한여름 뙤약볕을 가려주는 시원한 그늘이었다. 산을 끌고 내려오는 산그늘처럼 여섯 식구를 끌고 재를 넘던 든든한 그늘이었다.

오동꽃이 만장처럼 휘날리던 그해 봄날
세상을 쾅, 닫는 나무망치 소리에

>   허공이 쩍, 갈라졌다 아버지가 가셨다
>
>   -유헌, 「오동꽃 질 무렵」 전문

    산 같던 그 아버지가 세상을 떠나셨다. 늦은 봄 오동꽃이 지듯 어머니보다 먼저 훌쩍 먼 길을 떠나셨다. 긴 긴 봄날, 보릿고개를 함께 넘던 어머니를 두고 떠나셨다. 고향 선학동 공지산 자락으로 가 먼저 터를 잡으셨다. 아버지도 어머니도, 사람은 가고 없어도 고향 선학동은 여전히 거기 있다.

    공지산 관음봉에 올랐다. 후박나무 능선길을 뒤로하고 울창한 관목 숲길을 곧장 오르니 정상이다. 산 아래 언덕바지에 옹기종기 집들이 모여 있다. 알록달록한 지붕을 이고 선학동 사람들이 모여 살고 있다. 눈 아래로 가물가물 득량만이 흘러가고, 노력도 너머로 완도 평일도와 생일도, 약산도가 떠 있다. 여객선처럼 점점이 섬들이 떠간다.

>   문득 첫사랑처럼 4월이 오고 있다
>   빛바랜 사진첩에서 누군가 걸어 나와
>   그간의 안부를 묻고 달려올 것만 같은,
>   수채화 캔버스에 풀물이 번져가듯
>   산비탈 밭틀길에 노릇노릇 봄물 들 때
>   홀연히 객지로 떠난 그 사람 돌아올까.
>   바람 슬슬 풀리는 4월이 다시 오면
>   뱃고동 노랫가락 나긋나긋 늘어지고

회진항 물이랑마다 금빛으로 물들겠다.

-유헌, 「유채꽃 필 무렵_선학동」에서

아버지를 낳고, 나를 낳은 선학동, 그 선학동은 지금 한창 축제 중이다. 공지산 산턱 비탈길 유채밭에 금빛 물결이 일렁이고 있다. 회진포구 앞바다 푸른 물결처럼 금빛이 출렁, 출렁이고 있다. 노랗게 물이든 선학동 앞바다에 노란 윤슬이 반짝이고 있다. 선학의 눈빛이, 선학의 날갯짓이 금빛으로 반짝이는 거기, 선학동이 있다.

양말을 대하는 태도에 관하여

　드디어 가을이 왔다. 올 것 같지 않던 가을이 찾아왔다. 펄펄 끓던 지구촌 곳곳의 불가마도 우주의 순리 앞에서는 어쩔 수가 없었나 보다. 정말이지 지난여름 불볕의 나날을 보내면서 아무리 추워도, 폭설에 며칠을 갇혀도 영하의 겨울이 더 낫겠다는 생각까지 했었다.
　기다리던 가을은 항상 비탈길 오르듯 힘들게 왔다가 갈 때는 내리막을 달리듯 금세 사라진다. 시나브로 나뭇잎에 단풍이 들고 낙엽 지면 겨울이다. 기상학자의 전망대로라면 올겨울은 북극 한파로 혹한이 닥칠 수도 있다. 대설주의보에 길이 막히고 밤새 나뭇가지 툭툭 부러지는 소리가 어둠을 가르는 날도 많을 것이다. 그땐, 여름이 더 나아, 라는 말이 나올지도 모르겠다.
　오죽 덥고 추우면 그런 생각까지 하게 될까, 이해를 하면서도 우리들 마음을 돌아보게 된다. 곱게 물이 오른 단풍잎 앞에서 카메라 셔터를 누르고 좋아하다가도 낙엽 되어 뒹굴면 빗자루부터 찾는다. 목련꽃 앞에서는 어떤가. 온갖 수식어를 다

동원해 노래하지만 꽃이 지고 나면 귀찮은 존재를 보듯 한다. 눈이 내려 쌓여도 마찬가지이다. 숫눈이니 설경이니 요란을 떨다가도 눈이 녹으면 눈살부터 찌푸린다.

우리 속담에 '뒷간에 갈 적 마음 다르고 올 적 마음 다르다'라는 말이 있다. 자기 일이 급할 땐 통사정하며 매달리다가도 그 일을 마치고 나면 모른 체한다는 의미이다. 이런 경우는 우리가 일상에서 자주 접하는 일들이니 이 속담이 낯설지는 않다.

종종 선출직 나리들도 그렇게 보일 때가 있다. 당선 전후가 너무 달라 보인다. 마치 딴 사람처럼 느껴질 때가 있다. 지방의원이든 자치단체장이든 국회의원이든 다 마찬가지이다. 대통령도 예외는 아니다. 선거기간엔 유권자들 앞에서 머리를 연신 조아린다. 심지어 땅바닥에 넙죽 엎드려 큰절까지 하는 출마자도 있다. 그런데 당선되고 나면 바로 갑(甲)이 돼 자뗴바떼 허기 일쑤니 이를 어찌할까.

> 허리 굽혀 무릎 굽혀 두 손으로 당겨 신는, 공손함에 혹했을까 종일을 동행했어 시린 발 감싸고 치부는 가려주고 고약한 냄새까지 온몸에 다 품었어 감싸고 품었지만 현실은 냉혹했어 가면 가고 밟으면 밟혔는데 뻥 뚫린 뒤꿈치에 눈길조차 주지 않고 자뗴바떼 쌩그랗게 한 손으로 벗어던져, 내 속을 확 뒤집어 놓은 갑甲 그게 바로 너였어
>
> -유헌, 사설시조 「양말을 대하는 태도에 관하여」 전문

갑을(甲乙)은 우리 사회 어디나 존재한다. 그건 당연한 이치다. 초심을 망각한 갑질이 문제일 따름이다. 갑이 상대적으로 힘이 더 센 쪽이라면 을은 그 반대쪽일 것이다. 그런데 요즘은 갑을의 관계가 뒤바뀌는 경우도 종종 있는 모양이다. 야박하게도 부모 자식 간이나 부부간에도 갑을은 있고 심지어 그 관계가 지금은 역전됐다고 하소연하는 사람까지 있다.

갑질이란 '자신이 가진 지위 등을 내세워 힘이 없는 사람에게 마구잡이로 일을 시키거나 무례하게 행동하는 짓'이라고 사전에 나와 있다. '짓'이니까 옳은 일은 아니라는 얘기다. 살아가면서 누구든 초심만 잃지 않는다면, 초심을 지키려고 노력이라도 한다면 손가락질을 받지 않을 텐데 그게 늘 아쉬운 지점이다.

어렵게 함께 회사를 지켜온 직원들을 기억하는 사장이, 본인의 서기보 초임 시절을 떠올리는 군청 과장이, 한 표가 아쉽던 선거철을 생각하는 나리가 갑질을 할 리는 없다. 오직 가족을 위해 반평생을 힘겹게 달려온 사람이 내 아버지이고 내 남편이란 걸 인정한다면 감히 가정에서 갑을을 따질 수는 없을 것이다. 올챙이 적을 잊어버린 개구리 같은 어리석은 사람이 아니라면 말이다.

조석으로 변하는 게 사람의 마음이라곤 하지만 양말을 신을 때 마음 다르고 벗을 때 마음이 달라서야 되겠는가. 달라도 너무 달라져서는 곤란하다. 힘없는 양말이라고 벗어 내팽개치지는 말자. '뒷간에 갈 적 마음 다르고 올 적 마음 다르다'라는 속담처럼 내 양말을 대하는 나의 태도는 어땠는지 생각해 볼 일이다. 양말을 다루듯이 누군가를 대하는 일은 없었는지 돌아볼 일이다.

가상 인터뷰, 독(毒)을 찬 시인,
찬란한 슬픔의 봄 김영랑

때는 계묘년(癸卯年) 초하(初夏)의 오후 3시, 강진 영랑생가 은행나무 아래. 고목의 무성한 잎들이 짙은 그늘을 드리우고 있다. 나는 약속 시각보다 일찍 도착해 생가 주변을 둘러보고 나서 은행나무 그늘로 돌아와 벤치에 앉아 선생을 기다렸다.

드디어 선생이 나타나셨다. 정확했다. 생가 안채 쪽에서 사랑채를 지나 성큼성큼 걸어오셨다. 검정 두루마기 자락을 펄럭이며 오셨다. 바람도 없는데 도포가 태극기처럼 휘날렸다. 나는 벌떡 일어나 사랑채 쪽으로 달려가 선생을 맞았다. 선생이 내게 악수를 청하셨지만 손을 맞잡을 수는 없었다.

○ 유헌: 선생님, 오랜만에 뵙습니다. 아, 아니 처음 뵙겠습니다.

● 영랑: 반갑구먼. 나를 잊지 않고 이렇게 불러내줘 고맙네.

○ 유헌: 생가는 오랜만이죠?

● 영랑: 파편에 맞아 9·28 서울 수복 다음 날 이승을 떠났으

니까 73년이 흘렀어. 그래도 생각은 항상 여기 머물러 있다네.

○ 유헌: 생가가 낯설지는 않습니까?

● 영랑: 낯설지. 몰라보게 변했어. 담 너머 시문학파기념관도 우뚝하고, 저기 사랑채는 1942년인가, 기억이 희미하네만 기와집으로 교체했는데 지금은 초가로 바뀌었구먼.

○ 유헌: 사랑채 옆에 정구장이 있었다고 들었습니다. 지금은 잔디밭이지만요.

● 영랑: 맞아. 46년을 살았던 집이야. 내가 아버지를 잘 만난 거지. 지금은 잔디가 파랗게 자라고 있구먼.

○ 유헌: 먼저 도착해 선생님을 기다리는데 사랑채 쪽에서 옛 명창들의 소리가 들리는 듯했습니다. 선생님께선 성악가를 꿈꿀 정도로 음악을 좋아하셨다면서요?

● 영랑: 즐기긴 했지만 아버님의 반대가 심했어. 임방울, 박초월 등의 명창을 몇 차례 초청해 소리를 들었던 기억이 있네.

○ 유헌: 선생님의 북장단에 맞춰 명창들이 노래를 했고요. 선생님의 판소리 또한 명창들이 놀랄 정도의 수준이었던 걸로 알려져 있습니다.

● 영랑: 과찬이긴 하네만 국악뿐만 아니라 베토벤과 슈베르트를 좋아했고 바이올린 연주도 즐겼었지.

○ 유헌: 이런 음악성이 자연스럽게 선생님의 시에 리듬으로 나타났군요. 당시 모란이 필 무렵이면 사랑채에 전국의 유

명 문인들도 초청해 시 창작 대회를 열었다고 들었습니다.

● 영랑: 그랬지. 그날의 정경들이 눈에 선하구먼.

○ 유헌: 1934년 4월 『문학』지에 발표하신 「모란이 피기까지는」도 그때 쓰신 거죠?

● 영랑: 맞아. 그런데 처음 시가 좀 맘에 들지 않았던 것 같아. 썼다가 구겨 버렸거든. 쓰레기통에 버리려고 했지.

○ 유헌: 그걸 빼앗아 춘원 이광수 선생이 참석자들 앞에서 큰 소리로 낭독을 했고요.

● 영랑: 춘원이 "절창이야, 절창!" 이렇게 외쳤던 것 같아. 한바탕 박수갈채가 터지고 난리가 났어.

○ 유헌: 천만다행입니다. 국민 애송시가 세상에 나오기도 전에 사라질 뻔했으니까요.

● 영랑: 그러게 말이야. 참, 자네는 고향이 어딘가?

○ 유헌: 장흥 선학동에서 태어나 강진에서 초·중학교를 마쳤고, 직장 퇴직 후 다시 강진에서 살고 있습니다. 선생님의 초등학교 후배입니다.

● 영랑: 그래? 강진중앙초 전신인 보통공립학교를 내가 1915년에 졸업했으니까 까마득한 후배를 만났구먼. 반갑네.

○ 유헌: 선생님, 안채 쪽으로 자리를 옮겨 말씀을 나누고 싶습니다.

● 영랑: 그럴까? 안채와 사랑채 사이에 담이 생겨 지금은 쪽문을 통해 오가는구먼.

○ 유헌: 여기 모란꽃밭 앞 시비의 「동백닙에 빛나는 마음」이 선생님의 시 데뷔작이라고 들었습니다.

● 영랑: 글쎄, 1930년 3월 『시문학』 1호 맨 앞에 실린 작품이니까 공식적인 데뷔작이라고 해야 맞는지 모르겠네. 그 전에 이미 고향에서 김현구, 차부진 등과 『靑丘』라는 동인집을 내며 작품활동을 했으니까. 그땐 참 순수했고 모두가 열심이었지. 시와 수필을 써와 치열하게 합평을 했는데 그게 내 문학의 출발점이었어.

○ 유헌: 북에 소월이 있다면 남에는 영랑이 있다고들 말합니다. 순수 서정시 운동을 주도하셨고, 우리말의 아름다움을 발굴하고 창조하는데 힘쓰신 선생님을 일컬어서요.

● 영랑: 과분한 평가지만 고향 산천에서 보고 들은 시어들을 소재로 글을 쓰기 시작했으니까 그게 다 내 시의 원천이 된 거지.

○ 유헌: 대숲 동백나무를 보니 생각나는 게 있습니다. 여쭤봐도 될지 모르겠습니다. 전설의 무희 최승희 선생과의 러브스토리요.

● 영랑: 허허 참, 관심들이 많구먼. 당사자인 나는 죽고 사는 문제였는데 말이야. 혼담까지 오갔지만 양가 부모님의 반대가 무척 심했어.

○ 유헌: 그래서 저 동백나무 가지에서 자살까지 기도하셨군요. 최승희 선생과의 염문을 문단에서는 세기의 사랑이라고 불렀다면서요?

- 영랑: 다 지나간 일인데 뭐. 사람은 가고 없어도 뒤란의 동백나무는 여전하구먼.
- 유헌: 「모란이 피기까지는」이 최승희 선생과의 사랑과 상실의 아픔을 노래하고 있다고 얘기하는 사람도 있습니다. "나는 아직 기다리고 있을 테요 찬란한 슬픔의 봄을", 그래서 선생님의 사랑은 여전히 현재형이라고요.
- 영랑: 그래? 하하 그건 마음대로 생각하시게.
- 유헌: 특별히 아끼시는 시는 어떤 작품인지 궁금합니다.
- 영랑: 글쎄, 「독을 차고」란 시가 떠오르는구먼.
- 유헌: 순수시 운동을 지향하셨는데, 이 작품은 독(毒)이라는 상징적인 소재로 일제의 탄압에 저항한 시로 알고 있습니다.
- 영랑: 그 당시 죽음을 각오하고 일제에 항거했던 것 같아.
- 유헌: 선생님은 고향 강진에서 독립만세 운동을 주도하다 체포돼 대구형무소에서 옥고를 치렀습니다. 신사참배도 창씨개명도 끝까지 거부하셨고요.
- 영랑: 휘문의숙 3학년 때 3·1운동이 일어났어. 그때 기미독립선언서를 구두창에 숨기고 고향 강진으로 내려왔지. 3월 23일 밤으로 기억하는데, 강진읍 서성리 대숲 안 김위균의 집에 모여 만세운동을 준비하고 있었는데 그게 그만 경찰에 발각이 된 거야. 동지들과 함께 체포돼 모진 고초를 겪었어.
- 유헌: 그게 기폭제가 돼 4월 4일 생가 뒤 보은산 비둘기 바

위에서 대형 태극기가 휘날렸고, 이 신호에 맞춰 강진 장터에서 독립만세운동이 거세게 일어났습니다. 역사적인 순간이었습니다.

● 영랑: 다 오래전의 일이구먼. 요즘 일본과의 과거사 문제 등으로 시끄럽던데, 역사를 잊은 민족에게는 미래가 없어. 참 안타까운 일이야.

○ 유헌: '영랑'이라는 필명도 그쯤에 지으셨다면서요?

● 영랑: 감옥에서 풀려난 후 몸을 추스르기 위해 금강산 장안사에 두어 달 머문 적이 있었어. 그곳에서 부드러운 영랑봉의 포근함에 반해 그냥 내가 봉우리는 놔두고 영랑만 훔쳐왔지.

○ 유헌: 음악적 리듬의 선생님 시세계와도 잘 어울립니다. 그런데 시조를 쓰는 시인으로서 아쉬운 게 있습니다. 시조를 쓰신 시문학파 시인들이 계셨는데, 시문학지가 3호로 종간이 돼 버려 늘 안타까웠습니다.

● 영랑: 창간호 편집후기에 앞으로 시조의 소개 등에도 힘을 다하겠다고 적었던 기억이 있어. 용아 박용철과 수주 변영로 등이 시조를 즐겨 썼고 나도 사행시를 많이 발표했던 걸로 기억하네.

○ 유헌: 『시문학』지가 종간되지 않았다면 선생님도 우리 시 시조를 지었을 텐데 하는 아쉬움이 있습니다.

● 영랑: 이병기 등과 시조 부흥운동을 펼쳤던 정인보 선생이 시문학파의 일원이었으니까 내가 일찍 죽지 않았다면 나

도 시조를 썼을 가능성도 있지. 시조는 세상 어느 곳에 내놓아도 당당하고 자랑스러운 우리 한국인의 정신 그 자체니까 말이야. 내 몫까지 좋은 글 많이 써 주시게. 참, 자네 시조도 한번 보고 싶네. 어떤 글을 쓰는지 궁금해.
○ 유헌: 부끄럽지만 그럴까요? 아직 지면에 발표한 적은 없고 선생님께 처음 읽어 드리는 겁니다.

저기가 여기 같고 여기가 저기 같아
아득한 듯 지척인 듯 서녘과 동녘 사이
삐비꽃 하얗게 피어 경계를 다 지우네

-유헌, 「산담」 전문

● 영랑: 그래, 무덤 주위를 둘러싼 돌담이 산담 아니겠나. 무덤이 망자의 집이라면 산담은 망자의 집 울타리인 셈이지. 이승과 저승 사이, 자네와 우리 사이를 예기하는 것 같구먼.
○ 유헌: 삶도 죽음도 자연의 일부 아니겠습니까. 아득한 듯하다가도 지척처럼 느껴지기도 하고요. 끝으로 선생님의 묘소 이전에 관해서 여쭤보겠습니다. 알고 계시는지요.
● 영랑: 어렴풋이 조금은.
○ 유헌: 세상을 갑자기 떠나신 후 한남동 가묘에 계시다가 54년 망우리로, 지금은 용인 천주교 묘역에 계십니다.
● 영랑: 글쎄, 내 묘소 이전에 관해서는 이승을 떠난 사람으

로서 뭐라 언급하기가 어렵네만 관계자들이 여러 의견을 잘 듣고 처리하지 않겠나. 내 3남 현철과 막내 애란의 생각도 있을 거고.

○ 유헌: 장소가 법적으로 가능한 곳인지 검토가 필요하겠습니다만 생가 은행나무 앞 정구장 부지 한쪽에 베토벤 묘의 형태를 참고해 이전했으면 좋겠다는 의견도 있습니다.

● 영랑: 영랑생가는 46년을 살았던 집이니까 그곳에서 영면하면 나야 좋겠지. 그런데 어디까지나 군과 군민들이 결정할 문제 아니겠나.

○ 유헌: 예술가 등 유명인들의 묘지도 문화가 되고 역사가 될 수 있다는 생각이 듭니다. 선생님의 영원한 안식을 기원합니다. 시간 내주셔서 감사합니다.

인터뷰를 마치고 머리를 숙여 꾸벅 작별 인사를 드렸다. 고개를 들고 바라보니 선생은 이미 저만치 가 계셨다. 그리고 사랑채 쪽문으로 금세 사라졌다. 은행나무 잎새가 크게 한번 흔들렸다. 생가 뒤 보은산 비둘기 바위 너머로 흰 구름이 떠갔다.

제4부

노을의 노래

연지석가산(蓮池石假山)

늦가을이다. 겨울로 가는 길목이다. 세모(歲暮)가 가까워질수록 시간의 발걸음은 빨라진다. 이렇게 계절의 모퉁이를 지날 땐 잊고 지냈던 사람들이 더 생각나기도 한다. 그들의 안부가 궁금해진다. 그래서 펜을 들어 엽서나 편지를 쓰거나 카드를 보내 안부를 묻기도 한다. 예전에 그랬다.

요즘엔 문자나 카톡으로 간단한 인사 정도는 전하지만 따뜻한 마음을 담기엔 역시 편지글만 한 것이 없다. 7, 80년대 학창시절을 보낸 사람들 중 상당수는 펜팔이라는 낭만을 간직하고 있을 것이다. 당시 '학원'이나 '독서신문' 등의 펜팔 코너에서 주소를 따 편지를 주고받던 기억 말이다. 연말이면 연례행사처럼 군 장병들에게 학생들이 단체로 위문편지를 보내기도 했다. 다 오래전의 일이다.

우리 역사에서 편지글을 많이 남긴 인물은 누구일까. 단연 다산 정약용을 떠올리는 사람들이 많을 것이다. 가까이 지냈던 지인들과 편지로 자주 소통했다는 기록들이 이를 증명하고 있다. 유배지 흑산도의 형 약전에게, 마재의 두 아들에게, 강진의 제자들에게 띄운 편지글들 모두 지금은 소중한 역사의 한 페이지를 차지하고 있다.

학연, 학유 두 아들에게 유배지에서 보낸 편지글 중의 일부는 하피첩(霞帔帖)이 되었고, 해배 후 강진의 제자들에게 "초당과 동암, 서재의 지붕은 이엉을 새로 얹었느냐?"고 묻는 편지글을 통해서는 다산이 기거했던 곳이 초당이었음을 사료(史料)로 알려주고 있다. 심지어 유배 시절 키웠던 초당 연못의 잉어 안부까지 묻고 있다. 다산의 따뜻한 성품을 짐작할 수 있는 대목이다.

다산이 머문 초당 주변에는 지금도 그의 흔적들이 여럿 남아 있다. 다산이 초당 왼쪽 병풍바위에 직접 새겼다는 정석, 찻물을 끓이는 부뚜막으로 사용했다는 다조, 초당 뒤편의 작은 샘 약천, 다산초당과 동암 사이 연못 한가운데에 서 있는 연지석가산 등 다산 4경이 바로 그것이다. 정석(丁石), 약천(藥泉), 다조(茶竈), 연지석가산(蓮池石假山) 앞에서 여행객들은 발걸음을 멈추고 200년 전 그날의 다산을 만난다. 다산의 숨결을 느낀다.

다산은 혹독한 귀양지에서도 여유와 멋을 잃지 않았던 것 같다. 강진만 갯가의 괴석들을 모아 초당 마당 연못에 석가산을 쌓고 연지석가산이라는 이름을 붙였다. 그곳에 잉어를 키우며 외로움을 달랬고, 자라는 잉어를 보고 날씨를 예측했던 것으로 전해진다. 연(蓮)이 자라는 모습을 가까이서 지켜보면서 고요로 마음을 다스리고, 연지에 어리는 푸른 산빛을 읽으며 희망의 끈을 놓지 않았는지도 모르겠다.

> 초당의 글소리를 듣고 자란 잉어가
> 백일홍 그늘에서 잠시 쉬는 여름 한낮
> 흰구름 금세 내려와 기별 주고 사라진다.
> 산골의 밤은 깊어 호롱불 스러지고
> 천일각 처마 끝에 설핏 걸린 푸른 달빛
> 잠이 든 잉어 두 마리 등을 쓸며 지나간다
>
> ―유헌, 「연지석가산」 전문

다산의 시선은 따뜻했다. 늘 세상을 향해 열려 있었다. 200년 전 다산의 그 마음을 '흰구름'과 '푸른 달빛'이라는 자연물을 통해 소환한 시조 「연지석가산」이다. 다산이 연지석가산의 잉어에게 안부를 전하는 내용이다. 그 초당 옆 연지석가산에 지금도 잉어가 크고 있는지 궁금하다. 몇 차례 잉어를 방류했지만 산짐승 등의 피해로 키우기 어렵다는 얘기를 들은 적이 있다. 그 후 재래종 잉어를 다시 방류했다니 잉어가 무탈하게 잘 컸으면 좋겠다. 귀한 역사의 현장이니 말이다.

한 해가 가고 있다. 참 쓸쓸한 계절이다. 다산은 해배 후에도 유배시절 길렀던 다산초당 잉어의 안부를 자주 물었다는데, 가까이 혹은 멀리 있는 지인들에게 어떻게 지내는지, 어떻게 살고 있는지 따뜻한 안부 몇 마디 물을 일이다. 안부, 참 따뜻한 말이다.

노을의 노래

해가 지고 있다. 용마루 너머로 노을이 익어간다. 아마 지금쯤 저 멀리 구름발치 목포의 대반동 바닷물도 벌겋게 출렁거리고 있을 것이다. 노을은 이처럼 늘 가슴에 스민다. 노을은 그렇게 우리를 다저녁에서 애저녁으로 끌고 간다. 시나브로 노을이 사라지고 나면 한옥의 알전구에 다시 노을빛 불이 들어온다.

낮과 밤의 가교역할을 해서일까. 노을은 참 편안하다. 수채화 물감처럼 번져가고 동심의 크레용처럼 아름답다. 노을을 바라보고 있는 이의 눈동자에는 그리움이 촉촉이 묻어 있다. 난 노을을 특별히 좋아한다. 진노랑 귤색도 좋고 감빛 혹은 황톳빛 주황색도 좋다. 사막의 분홍색 노을도 좋고 강가의 붉은 노을도 좋다. 따뜻해서 참 좋다. 노을은 가끔 시가 되기도 한다.

귤 향 짙은 행간에 보랏빛 사연 몇 줄
갈피에 숨긴 마음 내 얘기라 말 못 하겠네

발갛게 물이 든 문장, 석양 녘의 시 한 줄

-유헌 「노을의 시(詩)」 전문

내가 사는 강진에도 노을 명소로 알려진 곳이 많다. 갈대 사이에서 사운대는 강진만 생태공원의 노을은 살아 움직이는 그림이고, 마량포구 가는 길 고마우공원에서 바라보는 노을은 한 폭의 풍경이다. 죽섬 너머로 떨어지는 노을은 바다를 물들이고, 덕룡산 봉우리에 걸린 노을은 바람을 물들인다. 그때쯤이면 해안 절벽 아래 분홍나루 카페의 커피잔에도 노을이 살포시 담기며 노래가 된다.

순아순아 물이 드는 석양의 구름발치, 귤 홍시 당근에다 분홍색 용과까지 동심의 크레용이 새콤달콤 맛을 모아 놀이하듯 차린 만찬 노을이 없는 해거름은 얼마나 밋밋할까 노을을 건너 뛴 밤하늘은 얼마나 쓸쓸할까 노을은 다저녁에서 애저녁으로 가는 완행열차이다 갈 때를 알고 제자리를 내주며 금싸라기 은싸라기 잔별을 부른다 노을처럼 시나브로 느긋하게 살 일이다 가끔은, 붉게 더 붉게 그렇게도 살 일이다.

-유헌, 사설시조 「노을의 노래」 전문

눈을 조금 더 멀리 돌려보자. 사막의 노을 말이다. 지평선 너머로 떨어지는 사막의 노을을 상상해 보라. 장엄하고 경이롭다. 아쉬움이고 그리움이다. 2014년 늦봄이었던가. 북아프리카 모로코를 여행하면서 사하라의 석양을 좀 보려고 했지만 일정이 맞지 않아 포기한 적이 있었다. 바람이 빚은 모래산 너머로 붉디붉은 노을이 만발한 사막, 그 사막의 풍경을 가슴에 담지 못한 게 늘 아쉬움으로 남아 있었다.

그런데 얼마 전 이글거리는 사막의 노을을, TV를 통해서 얼핏 봤다. 실크로드를 다룬 여행 프로그램에서였다. 실크로드는 우리가 익히 아는 대로 중국의 장안에서 로마까지, 만 2천여km에 이르는 동서양 교역로를 말한다. 그중에서도 내가 꼭 한번 가보고 싶은 길은, 실크로드의 출발점이자 종착지이기도 한 장안, 즉 지금의 시안에서 둔황까지 천 200여km이다. 그곳에 돈황(敦煌)이 있고 막고굴(莫高窟)이 있고 명사산(鳴沙山)이 있고, 월아천(月牙泉)이 있기 때문이다. 명사산의 석양이 있기 때문이다.

그날 TV의 창에 비친 노을을 지켜보며 울컥 눈물이 쏟아질 뻔했다. 바람이 빚고 시간이 다듬었을 명사산의 노을은 장관이었다. 노을을 배경으로 쌍봉낙타의 긴 행렬이 지나갔다. 신기루처럼 노을 지는 그곳 명사산 아래 초승달 하나 떠 있었다. 월아천이다. 사막으로 변한 대지를 바라보며 흘린 선녀의 눈물이 고여 오아시스가 됐다는 호수, 석양의 월아천을 바라보는 순간 촉촉이 젖은 선녀의 입술이 스치고 갔다.

　　나는 사막이 되고 네 눈물은 달이 되고
　　초승달에 현(絃)을 걸어 모래 울음 켜는 저녁

>   누천년 마르지 않는, 노긋한 입술이여
>
>   -유헌, 「월아천(月牙泉)」 전문

    노을이 없는 석양은 얼마나 밋밋할까. 노을을 건너뛴 밤하늘은 얼마나 쓸쓸할까. 어쩌면, 그날의 월아천도 노을이 배경으로 깔렸기 때문에 더 진한 감동으로 다가왔는지도 모르겠다. 쌍봉낙타의 긴 행렬 또한 노을이라는 동행이 있어 먼 길을 갈 수 있는지도 모르겠다. 태양이 고단한 하루를 접고 노을을 드리우면 사막도 휴식에 들어간다.

>   너는 모래가 되고 나는 낙타가 되고
>   난 걸음을 멈추고 넌 울음을 멈추고
>   한 컷의 풍경이 되어, 벽에 걸린 너와 나
>
>   -유헌 「휴(休)」 전문

    이처럼 노을은 쉼이고 휴식이다. 저녁으로 가는 완행열차이다. 갈 때를 알고, 제자리를 내주며 초승달을 부른다. 그런 노을을 바라보는 사람의 눈동자는 얼마나 그윽한가. 그런 노을을 함께 바라볼 수 있는 사람이 있다는 것은 얼마나 행복한 일인가. 삭막한 세상, 가끔은 노을처럼, 때로는 노을같이 살 일이다. 붉게 붉게, 느리게 느리게도 살아볼 일이다.

월남사지(月南寺址)에서

소슬바람이 불고 있다. 찬바람 스칠 때마다 풍경(風磬)이 울고 있다. 낙엽이 지고 있다. 그래서일까. 늦가을 풍경소리는 좀 더 특별하다. 가슴을 파고든다. 오늘처럼 산바람 솔솔 부는 날 읊조리기 딱 좋은 시조, 김제현의 「풍경風磬」이다.

김제현 시인은 뎅그렁 풍경소리를 들으며 "아무도 그 마음 속 깊은 적막을 알지 못"하고, "아, 쇠도 혼자서 우는 아픔이 있나 봅니다"라고 노래했다. 자신과 쇠의 처지를 빗대 이미지화한 시조 종장의 절창은 어느 날 이렇게 풍경소리에서 흘러 나왔다.

그 풍경, 지금 월남사 대웅보전의 풍경이 울고 있다. 천 년 전 몸짓으로 울고 있다. 뎅그렁 풍경소리가 월남사지 3층 석탑을 휘돌아 대웅보전 뒤 빈터에 잠시 머물다 주춤주춤 경포대 계곡을 오른다. 들리는 듯 끊기는 듯 가다 서다 월출산 천황봉을 향해 깔끄막을 오른다.

월남사 대웅보전 풍경은 월남사지 발굴 과정에서 수습된 고려의 풍경(風磬) 그대로를 재현했다고 한다. 풍경을 매다는 고리도 리움박물관 소장 고려시대 토수(吐首)의 모양대로 복원했다니 월남사 대웅보전이 얼마나 철저한 고증을 거쳐 새로 지어졌는지 짐작하고도 남음이 있었다.

월남사의 풍경은 특별하다. 모양이 여는 풍경과는 다르다. 소리는 더더욱 많이 다르다. 마치 양철판 두드리는 듯한 소리가 난다. 은은히 퍼져나가는 맑고 청아한 소리가 아니다. 그럼에도 그 풍경소리는 묘한 상상력을 불러온다. 천 년 전 대가람의 숨결이 느껴진다. 스님들의 분주한 발걸음이 들리고 사찰을 찾은 이들의 정중동 움직임이 보인다.

2023년 늦봄, 강진 월출산 천황봉 자락, 만여 평 월남사지 대가람 빈터에 천 년 전 풍경을 네 귀에 걸고 월남사가 문을 열었다. 천 년 전 사찰의 양식으로 오백 년 만에 새로 지어 낙성법회를 한 것이다. 수수 백년 홀로 빈터를 지키던 월남사지 3층 석탑이 대웅보전의 석가모니, 아미타, 약사여래 부처님을 영접했다. 영혼을 울리는 목탁 소리 천황봉에 가닿고 법화스님의 법문이 빈터를 가득 채웠다.

    구릿빛 석탑에 흐르는 시간의 강

    오래된 말씀들이 층층이 쌓여가고

    화두는 저 봉에 닿아 메아리로 돌아오네.

    천 년 전 그 향기로 어간문 열리던 날

    대가람 옛터에 환청 같은 풍경소리

    탑과 불(佛) 한배를 타고 윤회의 강 건너네.

-유헌, 「월남사지에서」 전문

　월남사 대웅보전의 어간문이 처음 열리던 날, 어디선가 천년 전 풍경소리가 환청처럼 들려온다. 그리고 잠시, 천 년을 거슬러 흘렀던 시간이 되돌아오고 탑과 불(佛)이 극적으로 만났다. 소실로 사라졌다가 복원된 대웅보전과 보물 제298호 3층 석탑이 반천 년 만에 재회를 했다. 다시 태어난 대웅보전, 윤회는 사람들만의 일이 아니었다. 탑과 불(佛)이 한배를 타고 서로를 지키며 윤회의 강을 건너 천 년을 향해 흘러가기 시작했다.
　복원된 월남사의 외관은 소박하다. 대가람의 중심법당치고는 크기가 그리 크지 않다. 그냥 단아한 모습이다. 왜 그럴까. 이유가 있었다. 발굴과정에서 발견된 기단석 위치 등을 참고해 관계 전문가 자문을 거쳐 현 크기의 법당을 복원했기 때문이다. 고려시대 법당은 주로 스님의 공간이었고, 일반 신도들은 강당이나 별도 법회장소를 이용해 중심법당이 클 필요가 없었다는 것이다.
　그만큼 월남사 대웅보전은 고려시대 원형에 가깝게 복원하려고 노력한 사찰임이 분명했다. 절의 크기는 물론 풍경(風磬)도, 장군의 큰 투구를 닮은 용머리 양 끝의 치미(鴟尾)도 당시를 재현한 것으로 알려져 있기 때문이다. 한국 불교 사찰 역사의 한 페이지가 이렇게 또 넘어간다.
　한 해의 끝자락, 참 쓸쓸한 계절, 내가 사는 강진달빛한옥마을 처마 끝에 매달린 풍경(風磬)이 한 컷 풍경(風景)이 되어 울

때마다, 월남사 대웅보전에서 들려오는 천 년 전 그 풍경소리가 가슴을 칠 때마다 계절도 순아순아 깊어간다. 그렇게 가을이 가고 있다. 한 해가 가고 있다.

다산(茶山)과 열수(洌水)

솔숲 사이로 팔당호의 물비늘이 눈물처럼 반짝이고 있다. 산새들 한가로이 망주석(望柱石)을 오가고 여행자 몇몇이 돌계단을 오르고 있다. 이내 묘비 앞에서 잠시 숨을 고른 후 합장하듯 예(禮)를 갖춘다. 조선 후기 실학자 다산 정약용 선생과 숙부인 풍산홍씨와의 합장묘를 찾은 사람들이다. 선생이 떠난 지 200여 년, 사람은 가고 없어도 그를 찾아 나도 여기 있다.

다산은 1762년 경기 광주부 초부면 마현리 마재, 지금의 남양주시 조안면 능내리에서 태어났다. 18년의 천 리 길 강진 유배가 끝나고 고향으로 돌아가 목민심서, 흠흠신서 등 강진에서의 저서들을 마무리하는 등 18년을 더 살다 1836년 회혼(回婚)을 맞은 해에 세상을 떠났다. 2년 후 부인 홍 씨도 선생의 뒤를 따라갔다. 그리고 이곳 여유당 뒷동산에 함께 묻혔다. 파란만장한 다산의 세월이 스쳐 지나간다.

선생의 묘소 앞에서 한참을 머물다 반대편 돌계단으로 내려왔다. 아름드리 소나무가 선생을 호위하듯 언덕바지에 촘촘히 서 있다. 평지로 내려서니 여유당(與猶堂)이다. 한양의 관직 생활 7년과 강진 유배 18년을 뺀 근 반세기의 선생 숨결이 구석구석 어린 곳이다. 남한강을 건너 봄이 오는지 희끗희끗 잔설이 녹아 생가 주변에 푸른 봄물이 들고 있다.

다산의 생가는 1925년 대홍수로 유실됐었는데 이곳에 1986년 복원했다고 한다. '여유당'의 사랑채 툇마루에 앉아 그를 생각한다. 마루가 유독 낮았다. 늘 낮은 자세, 마음가짐으로 백성과 함께한 선생의 생애와 닮아 있다. 정조 승하 후 1800년 봄에 모든 관직을 내려놓고 가족과 함께 마재로 돌아와 지은 여유당이라는 당호가 그랬다.

노자 '도덕경'(道德經)의 한 대목인 "여(與)함이여, 겨울 냇물을 건너듯이, 유(猶)함이여, 너의 이웃을 두려워하듯이"에서 보듯 여유당에는 조심조심 세상을 살아가고자 한 다산의 마음이 담겨 있었다. 강진에서의 첫 유배지 동문 밖 주막에 네 가지를 올바로 하는 이가 거처하는 집이라는 의미의 '사의재'가 겹쳐 보인다. 다산은 그렇게 늘 세상과 만났다.

여유당에서 바라보니 우측 고목 너머로 다산기념관, 왼편으로는 실학박물관, 유적지 입구엔 다산문화관이 자리하고 있다. 뒤편엔 다산의 묘소와 문도공 다산의 영정을 모신 사당 문도사(文度祠)가 있다.

유적지 초입엔 '다산정약용유적지' 대형 입간판과 강진 만덕산에서 옮겨 놓은 듯한 '천일각'이 반기고, 선생의 저서 500여 권과 실학사상의 정신을 형상화한 조형물이 길손들을 맞고 있다. '꺼지지 않은 불'이라는 작품명처럼 다산의 정신과 사상은 시퍼렇게 살아 오늘을 비추고 있었다.

 사실 정약용만큼 호가 많은 역사 인물도 드물 것이다. 다산, 삼미, 여유당, 사암, 자하도인, 탁옹, 태수, 문암일인, 철마산초, 열수 등 어림잡아도 10여 가지에 이른다. 한강의 옛 이름인 열수(洌水)는 정약용이 강진에서 고향 남양주로 돌아가 환갑이 되기 전까지 사용한 별호로 알려져 있다. 여유당 앞을 유유히 흐르는 한강에서 따온 것이리라.

 다산의 명성만큼이나 오늘날 다산의 이름을 붙인 명칭들도 많다. 국내 많은 대학엔 다산관이 있고, 서울시에서 운영하는 민원 고객센터는 다산콜센터이다. 강진과 남양주는 물론 서울, 부산 등의 주요 도로 명칭에도 다산로가 있다. 북극에 다산과학기지가 있고, 해군 함정 중에 다산정약용함도 있다. 다산이 우리 인류에게 끼친 업적이 얼마나 지대했는가를 알 수 있는 사실들이다.

 늦겨울, 정약용유적지에서 나와 북동쪽으로 7km 거리에 있는 두물머리를 찾았다. 남한강 상류는 하얗게 얼어 있었지만 북한강과 합류하는 지점으로 내려올수록 강물이 봄눈처럼 풀려 여울져 흐르고 있다. 강진의 구강포구에서 봤던 그 윤슬들이 반짝이고 있다. 남한강과 북한강이 만나는 두물경 그 끝에 서서 다산과 홍씨부인, 다산과 강진의 만남을 생각한다.

　　봉창에 달그림자 열브스레 차오르고
　　여유당 시린 눈빛 버선발로 서성일 때

상사련 구듭 치는 강 구강포로 흐르네.

마재 너머 강진 땅 짭조름한 눈물 걸음

촉초근한 눈시울은 한 쌍의 학이 되어

만덕산 된비알 넘고 두물머리 둥지 트네.

깁고 엮은 애틋한 정 신혼의 단꿈 어린

병든 아내 낡은 치마 초당에 전해지니

천 리 길 적시는 울음 하피첩 되었다네.

세월은 가량없어 붉은 천 바랬으나

귤동마을 대숲마다 고샅 고샅 어귀마다

노을빛 치맛자락에 얼룩져 타는 속울음.

-유헌, 「노을치마」 전문

가족에게는 고통의 세월이었지만 유배지 강진의 지아비에게 보낸 신혼의 다홍치마, 노을치마는 '하피첩'과 '매조도'로 역사가 되었고, 정약용과 강진의 운명적인 만남은 500여 권 저술이라는 전무후무한 기록으로 남아 다산은 인류의 큰 스승이 되었다.

복숭아 꽃잎처럼 날아온 편지 한 장

그 백지 그러안고 천일각에 올라서니

강물이 절뚝거리며 내게로 오고 있다.

사금파리 날 같은 윤슬에 눈이 먼 새,

팽팽한 연줄 한 올 움켜 쥔 흰 물새가

뉘엿한 붉새를 물고 내게로 오고 있다.

미처 못다 부른 연서 한 필 펼쳐두고

말 없는 그 말들이 초당에 쌓이는 밤

야윈 강 뒤척일 때마다, 일어서는 저녁놀.

-유헌, 「노을치마 2」 전문

   강진과 남양주, 강진 만덕산의 야생차밭 다산, 남양주 한강의 옛 이름 열수. 다산과 열수, 강진은 다산의 족적이 선명한 18년 유배지이며, 남양주는 나서 자랐고 말년을 보냈으며 생을 마감한 열수의 애틋한 고향이다. 정약용에겐 둘 다 특별한 의미가 있는 곳이다. 두 지역 모두에게 정약용은 소중한 인물이다. 다산(茶山)과 열수(洌水), 그의 호가 이를 생생하게 증언하고 있다.

돌탑 쌓기

계곡을 오른다, 경포대 계곡을 거슬러 올라간다. 유독 돌이 많다. 길가에도 길바닥에도 돌이 널려 있다. 계곡에도 돌들이 깔려 있다. 큰 돌 작은 돌 넓적한 돌 뾰쪽한 돌 모양도 가지가지이다. 세상 어디 가나 돌은 있지만 월출산엔 특별히 돌이 더 많은 것 같다. 돌멩이가 아니라 바위가 넘너른하다. 그래서 월출산을 악산(惡山)이라고 하나 보다.

월출산은 강진과 영암에 걸쳐 있다. 월출산의 남쪽은 강진, 북쪽은 영암이다. 그래서 내가 사는 동네 이름이 월출산의 남쪽, 월남리이다. 들판에 우뚝 솟은 돌산 월출산은 설악산과 함께 우리나라 3대 악산으로 알려져 있다.

그중에서도 월출산은 기(氣)가 센 산으로 유명하다. 조선 최고의 인문지리학자이자 조선 후기 실학자 이중환은 '택리지'에서 월출산을 화승조천(火乘朝天)의 지세(地勢)라고 표현했다. '아침 하늘에 불꽃처럼 내뿜는 기를 지닌 땅'이 월출산이라는 것이다.

이처럼 월출산은 기암괴석, 첩첩 암봉의 산이다. 그걸 보고 유배길의 정약용은 영암에서 강진으로 넘어오는 누릿재에서, 월출산이 고향 도봉산을 닮았기 때문에 "월남리로 고개 돌려 월출산을 보지 말"라고 노래하지 않았던가.

  돌이 많은 월출산은 예부터 신령스러운 산으로 여겨져 왔던 것 같다. 역사가 이를 증명하고 있다. 삼국사기 제사조에 국가 지정 소사(小祠)로 월출산을 기록하고 있으니 말이다. 통일 신라 초기에 이미 소사로 지정됐고, 부족국가인 마한 시절부터 산신제를 올렸을 것이라는 설도 있는 걸 보면 명산 월출산의 명성은 천 년 전으로 올라간다. 월출산에서 산신제를 지냈다는 기록은 삼국사기뿐만 아니라 고려사, 조선왕조실록에서도 찾을 수 있다. 천황봉 정상 표지석 바로 옆의 월출산 소사지(小祀址) 비석에서도 이를 확인할 수 있다.

  이런 산의 역사 때문일까. 천황봉 오르는 등산로 갓길의 돌탑에 눈이 더 간다. 돌탑 구석구석에 눈길이 머문다. 누가 쌓았을까. 어떤 마음으로 돌멩이 한 장 한 장을 갖다 얹었을까. 천 년 전 천황봉 가는 길가의 돌탑 앞에서 어떤 기원들을 했을까. 아득한 세월 너머의 그들이 오늘 나의 모습과 겹쳐 지나간다.

    모난 돌 올려놓고 잔돌 하나 괴주니
    차갑게 등을 기댄 위 아랫돌 틈새에
    온돌방 구들장처럼 온기가 흐르더라
                          -유헌, 「돌탑 쌓기」 전문

인간사도 마찬가지가 아닐까. 이 세상에는 모난 사람도 있고 둥글둥글 성격 좋은 사람도 있다. 더 가진 자도 있고, 덜 가진 이도 있다. 부족하면 채워주고, 가슴 시린 사람은 보듬고 가야 함께 멀리 갈 수 있다. 극과 극의 사회, 모난 돌과 모난 돌 사이의 잔돌처럼 수평을 잡아주는 사람, 냉기를 녹여주는 따듯한 바람 같은 사람이 그리운 이즘이다.

돌탑은 여기저기 있다. 어찌 보면 흔한 게 돌탑이다. 자드락길마다 마치 이정표처럼, 수호신처럼 돌탑이 서 있다. 돌탑은 쌓기도 쉽다. 굴러다니는 돌멩이 몇 개 주워 차곡차곡 놓으면 탑이 된다. 지나가는 사람들이 작은 돌 하나씩 올려놓고 가니 짓다 그냥 둬도 된다. 삐딱할 땐 잔돌 하나 괴주면 된다.

우리 집 마당에도 돌탑이 있다. 동백나무 아래, 은목서 그늘에, 강진 오일장에서 오래전에 구입한 섬잣나무 옆에도 돌탑이 서 있다. 그들은 지난가을의 태풍에도 겨울의 폭설에도 흔들림이 없었다.

이처럼 돌탑은 웬만한 비바람에도 끄떡없다. 돌의 무게가 서로를 지탱해 주고, 위 아랫돌 틈새에 바람길이 나 있기 때문이다. 요즘처럼 꽉 막힌 세상, 돌탑의 바람길에서 소통의 미학을 읽는다. 맞바람 비켜서 적당히 길을 내주는 여유, 호젓한 산길에 서 있는 작은 돌탑에서 그 지혜를 배운다.

동목포역에서

 그랬다. 그곳은 한때 퐁당동이었다. 다들 그렇게 불렀다. 어디서나 그렇게 통했다. 비가 내렸다 하면 온 동네가 물난리였다. 시내버스가 멈춰 학생들이나 직장인들의 지각은 다반사였고, 가게마다 물을 퍼내느라 북새통이었다. 발목까지 물이 차기가 예사였고 허리까지 물이 차오르는 날도 있었다. 그래서 목포 용당동은 퐁당동이 되었다.
 용당동은 본래 바닷가 마을이었다. 용이 하늘로 올라가는 형상인 데다 못이 있다 하여 용당, 용당이, 용댕이라고도 불렸던 마을이다. 못이 있어서였을까. 물들이 모여들었다. 너무 몰려 난리도 그런 물난리가 없었다. 그래서 용당동은 한동안 상습 침수지역이라는 오명을 달고 살았다.
 용당동이 퐁당동이 된 데는 못 때문만은 아닐 것이다. 유달산이나 양을산 아래 일부 지역을 제외하고는 대부분 바다였기 때문에 목포는 처음부터 낮은 터에 자리를 잡은 도시였다. 바다를 매립한 땅이라 지대가 낮아 물이 모여들었을 것이다. 목포에서도 용당동은 더 낮아 물이 한꺼번에 모여들었을 것이다.

물이 모여들 듯 용당동으로 사람들이 모였다. 80년대 들어 목포시청 등 목포의 많은 공공기관들이 용당동으로 모여들었다. 그만큼 사람들도 모였다. 아파트 등 주거지역이 늘어나고 상가도 늘어나 이동 인구도 많아졌다. 상습 침수지역이었던 용당동에 특단의 조치도 내려졌다. 용당배수펌프장이 준공돼 남해배수펌프장을 거쳐 바다로 빗물을 몰아냈다. 그곳 용당동에 동목포역이 있었다.

> 왁자한 사투리를 칸 칸마다 싣고 와
> 어둠 속에 풀어놓고 줄행랑치는 통일호
> 막차는 가고 없어도 사람은 거기 있다.
> 엎어진 고무신처럼 서럽게 엎드린 역
> 퐁당동 퐁당동 용당동 그곳에 가면
> 지금도 물소리가 들린다, 잊혀진 역사(驛舍)에서
>
> ‒유헌,「동목포역에서」전문

그랬다. 그곳 동목포역에 가면 물소리가 들리는 듯했다. 칙칙폭폭 소리가 마치 퐁당퐁당으로 들렸다. 우리들 추억 속의 동목포역은 1953년 8월 배치간이역으로 처음 문을 열었다. 직원이 배치된 역이었다. 담장도 없고 역 출입구의 폭이 50cm 정도로 국내에서 가장 입구가 좁은 간이역이었지만 80년대 중반엔 목포역보다 하루 이용객들이 많을 정도였다니 격

세지감이다.

　승객 중에는 통학생도 있었고 무안이나 광주로 통근하는 직장인들도 많았다. 장사를 위해 광주 등지로 오가는 사람들도 있었다. 목포 시민뿐만 아니라 인근 무안이나 진도, 해남 사람들도 동목포역에서 우르르 타고 내렸기 때문에 항상 이용객들로 붐볐다.

　서울역을 출발한 통일호 열차가 6시간 이상을 달려 동목포역에 도착할 즈음이 되면 열차 안에 갑자기 음악이 터져 나온다. 이난영의 '목포의 눈물'이 흐른다. 잠을 깨우는 소리였다. 호남선의 종착역 목포역을 앞두고 있음을 알리는 신호이기도 했다. 여기저기가 부산해진다. 깊은 잠에 빠졌던 사람들도 부스스 눈을 뜨고 기지개를 켠다. 고향에 다 왔다는 기쁨과 일행들이랑 헤어진다는 아쉬움이 교차하는 순간이었다. 다 오래전 일이다. 어느새 추억이 되고 역사가 되었다.

　이 땅엔 시간 저 너머로 사라져 가는 것들이 많다. 기차도 물론 예외는 아니다. 비둘기호, 통일호가 사라졌다. 간이역들도 사라져 간다. 영화나 드라마, 문학작품 속에 곧장 등장했던 간이역, 애틋한 만남과 이별의 단골 장소가 간이역이기도 했다. 이렇듯 남도 땅 곳곳에 엎어진 고무신처럼 서럽게 엎드린 간이역들이 자취를 감추면서 멋도 낭만도 여유도 함께 사라지고 있다.

　이런 간이역은 전라도와 경상도를 잇는 경전선 구간에 특히 많았다. 그들 대부분이 문을 닫았다. 전국에서 가장 아름다운

간이역이라는 나주 남평역, 남광주시장 할머니들의 입담이 갓 잡아 올린 벌교 뻘밭 해물처럼 펄펄 살아 퍼떡이던 남광주역, 이름만큼이나 예쁜 화순 앵남역, 역사 없는 플랫폼 역 석정역에도 지금 기차는 서지 않는다.

  그러나 간이역들이 다 흔적 없이 사라진 것은 아니다. 1930년 문을 연 보성 득량역은 지금도 하루 8차례 무궁화호가 정차한다. 수요일부터 일요일까지는 남도해양관광열차도 운행된다. 섬진강 기차마을 곡성역 역시 관광열차로 변신해 어제와 오늘을 잇고 있다. 대한민국에서 가장 작다는 극락강역은 꼬마역답게 테마역으로 선정돼 철도 여행객들의 꾸준한 사랑을 받고 있다.

    간이역 벤치에서 막차를 기다린다
    늦도록 서녘 하늘엔 별빛만 총총
    기차는 오지 않았다 옛사람만 오갔다

                              -유헌, 「동목포역」 전문

  지금 동목포역에 기차는 서지 않는다. 그때 그 기차를 탔던 옛사람들만 오간다. 동목포역은 80년대 후반부터 이용객이 감소하면서 89년엔 무배치간이역으로 격하돼 역 건물이 철거됐고, 2003년 말 호남선 복선화와 함께 철로가 지하화되면서 더 이상 기차는 동목포역을 지나지 않는다. 반세기 만에 역사 속으로 역사(驛舍)가 사라진 것이다.

지금 동목포역에 덜컹덜컹 기적소리는 없다. 퐁당퐁당 물소리도 들리지 않는다. 그러나 옛 철길을 따라 오가는 사람들의 발소리로 오늘도 부산하다. 철길은 산책로와 공원이 돼 사람들을 부르고 있다. 용당동에 물이 모이듯, 동목포역에 승객들이 모이듯 그때처럼 사람들이 모이고 있다.

그곳에 가 그때 그 통일호는 탈 수 없어도 카페 '낭만열차 1953' 무궁화호에 승차해 그 시절로 돌아갈 수 있다. 찐 계란 대신 차를 마시며 라이브 공연을 볼 수 있다. 시화 등 전시 작품들도 구경할 수 있다. 재현한 옛 동목포 역사(驛舍) 앞 벤치에서 그 시절 인연들을 추억할 수도 있다. 사라져 가는 것들이 왜 그립고 소중한지 알겠다. 서점 이름을 '퐁당퐁당'으로 지은 이의 마음도 이제 알겠다.

그해 오월 그리고 오늘

나는 그날 그곳에 있었다. 퇴근 준비를 하는데 바깥 분위기가 이상했다. 어수선했다. 어지러운 호루라기 소리가 사무실 안까지 넘어왔다. 다급한 발걸음 소리도 함께 들렸다. 대충 정리하고 동료들과 사무실을 나왔다. 평소 같지 않게 길거리가 한산했다. 바삐 골목으로 도망치듯 사라지는 뒷모습들이 보였다.

앞쪽에서 군인들이 달려왔다. 완전무장한 군인들이 진압봉을 휘저으며 달려왔다. 철렁철렁 군홧발 소리에 가슴이 철렁 내려앉았다. 터진 거야, 정말 큰 일이 벌어진 거야. 전날 TV 뉴스의 장면들이 떠올랐다. 기어이 저들이 선을 넘은 것 같았다. 군인들이 진압봉을 높이 쳐들고 돌진해 왔다. 우리는 잘못한 일이 없어 주춤주춤했다.

공무원인 우리들에게까지 설마 총구를 들이댈까. 그러나 오판이었다. 저들의 눈엔 보이는 게 없었다. 벌겋게 상기된 시커먼 얼굴이 가까이 다가오자 두려웠다. 계엄군들이 무슨 일을 벌일지 알 수 없는 일촉즉발 상황이었다. 우르르 청사 안으로 뒤돌아 들어갔다.

　대책 회의를 했다. 그래, 단체로 공무원증을 보여주며 나가는 거야. 모두가 줄레줄레 공무원증을 목에 걸고 퇴근을 시도했다. "우리는 공무원입니다." 저들은 귀를 막고 있었다. 무용지물이었다. 무조건 체포할 기세로 다가왔다. 충혈된 눈빛이 섬뜩했다. 다시 청사 안으로 몸을 숨겼다. 그리고 사무실 책상 위에서 꼬박 밤을 지새웠다.

　80년 5월, 나는 서광주세무서에 재직 중이었다. 국가 공무원이었다. 사무실이 충장로 4가 충장파출소와 그리 멀지 않은 곳에 있어 주변은 항상 번잡했다. 그런데도 그날은 거리가 거의 텅 빈 듯했다. 계엄군들이 닥치는 대로 시민들을 체포해 갔기 때문이다.

　5월 18일(일) 0시, 비상계엄이 전국으로 확대되고 계엄군들이 광주에 대거 투입됐다. 전남대와 조선대를 점령하고 학생들을 체포해 갔다. 진압봉과 대검 등으로 유혈진압을 시작했다. 무차별 진압에 격분한 시민 학생들이 속속 시위대에 합류했다. 야간 통행금지가 밤 9시까지로 연장됐다. 흩어져 있던 시위대가 금남로로 이동했다. 헬기 두 대가 금남로 상공을 선회하며 선무방송을 했다.

　5월 19일(월)엔 대학생과 시민뿐만 아니라 중앙여고, 광주일고 등 고등학생들도 교내에서 시위로 군부독재에 저항했다. 가톨릭센터 7층 CBS를 시위대가 점거했다. 대학교에 이어 5월 19일(월) 광주 시내 고등학교에도 휴교령이 내려졌다. 직장이 휴무에 들어갔다.

5월 19일(월) 광주고등학교와 계림파출소 사이 장갑차에서 M16 소총 최초 발사가 있었다. 공수 부대원들의 진압이 심해질수록 시위는 더 격화되고 시위 인원도 폭발적으로 늘어갔다. 전남도청 앞 광장에서 연일 집회가 열렸다. 나도 그 현장에 있었다. 거의 매일 그곳으로 달려갔다. 광주고등학교 옆 언덕바지 하숙집에서 금남로까지 날마다 출근하다시피 했다. 박수와 함성으로 시위대를 응원했다. 그땐 광주 시민 모두가 그랬다.

5월 21일(수), 그날은 부처님오신날이었다. 새벽 0시를 기해 광주 전역의 시외통화가 끊겼다. 오후엔 금남로 전일빌딩, 상무관, 전남도청 옥상 등에 배치된 저격수들이 사격을 개시했다. 저녁 7시 계엄군들이 광주 외곽을 전면 봉쇄했다. 그날 오후 광주천 상공의 헬기 사격을 목격했다고 조비오 신부 등이 훗날 증언하기도 했다.

5월 22일(목) 시위가 목포, 해남 등 전남 서남부지역으로 확산했다. 광주 시내 병원에 안치된 시신들이 도청 분수대 주변에 임시 안치되기 시작했다. 5월 23(금)부터 전남도청 뒷마당에서 가족 입회하에 신원확인이 끝난 시신들을 상무관으로 옮겨 안치했다.

나는 그때 비스듬히 열린 상무관 옆쪽 창문을 통해 수많은 시신을 보았다. 태극기에 덮인 관들의 행렬을 보았다. 관 사이 사이로 바삐 움직이는 한 소년을 보았다. 한강 작가의 '소년이

온다'의 동호를 보았다. 교련복을 입은 광주상고 내 후배 문재학을 보았다. 아마 그때 그 소년이 소설 속의 동호, 문재학이었을 것이다. 그 후로도 오랫동안 태극기에 쌓인 상무관의 관들이 내 뇌리를 떠나지 않았다.

5월 26일(월) 아침 8시, 계엄군의 탱크를 막기 위한 수습대책위원들의 '죽음의 행진'이 시작됐다. 계엄군들도 긴박하게 움직였다. 전남도청에 꾸린 항쟁지도부와 시민군을 계엄군들이 곧 공격해 올 거란 소문이 나돌았다. 오후 6시 항쟁지도부에서 도청 사수대 중 청소년과 여성들은 집으로 돌아갈 것을 종용했다. 그러나 대부분 그 말을 듣지 않았다. 동호도 그 자리를 끝까지 지켰다.

5월 27일(화) 0시, 광주의 시내 전화가 끊겼다. 계엄사령부가 시민군에게 최후통첩을 보냈다. 공수특공대가 일반 군복으로 바꿔 입은 후 일제히 도청을 향해 이동했다. 그때 나는 광주고등학교 옆 하숙집에 있었다. 계엄군들이 몰려오고 있다는, 거리로 모두 나와달라는 5.18 가두방송 여인의 애절한 목소리를 하숙방에서 듣고 있었다. 나는 거리로 나설 용기가 나지 않았다.

새벽 4시 도청 안의 모든 전등이 꺼졌다. 계엄군이 도청 안으로 들이닥쳤다. 총소리가 광주의 밤하늘을 갈기갈기 찢고 있었다. 하숙방 벽을 뚫고 총알이 금방이라도 날아들 것 같았다. 이불을 뒤집어썼다. 이불 속에서 라디오를 켰다. 그리고 아침 9시 KBS에서 모든 공직자 근무지 복귀를 알렸다. 바로 돌아가지 않으면 엄한 처벌을 하겠다고 방송했다.

뜬눈으로 밤을 새우고 출근했다. 거리는 한산했고 항쟁 10일의 아픈 잔해들이 여기저기 흩어져 있었다. 계엄군의 모습도 보였다. 충금지하상가를 지나가는데 뒤쪽에서 총소리가 들렸다. 다리가 후들거렸다. 오금이 저렸다. 서광주세무서 청사에 들어서니 현관의 대리석 기둥이 여기저기 깊게 패여 있었다. 총탄의 흔적들이었다.

80년 5월, 내가 직접 보고 듣고 느낀 광주의 10일 중 큰 흐름만 간략히 기술했다. 오래전 일이라 정확한 시간 등은 〈5.18기념재단〉 '5.18 타임라인'을 참고했다. 나는 5.18 직후 국세청 인사발령에 따라 광주세무서로 자리를 옮겼다. 청사가 항쟁 기간 중 불에 탔기 때문에 금남로 광주은행 본점 5층의 임시 청사로 첫 출근을 했다.

그리고 얼마 후 나는 목포 MBC로 이직했다. 상흔은 거기에도 있었다. 목포 MBC도 역사의 진실 앞에서는 자유롭지 못했다. 공정 보도를 바라는 시민들의 기대를 외면하고 신군부 세력의 나팔수 역할에 급급했다며 유달산 사옥이 5월 21일(수) 시위대의 공격을 받았고 방송이 한때 중단됐다고 들었다. 그렇게 시간은 흘러갔다.

어느 해 밤, 농촌은 모내기가 한창이었다. 나는 시골집 열린 창문 너머에서 들려오는 개구리 울음소리를 듣고 있었다. 개구리들이 떼로 울고 있었다. 목청들이 마치 그날 광주의 함성처럼 우렁찼다. 물이 가득한 논은 광주이고, 개구리 울음소리는 민중의 외침으로 들렸다. 광주민주화운동 기념식장에서 '임을 위한 행진곡'을 제창할 건지 합창할 건지 온통 나라가 시끄럽던 때였다. 다시 5월 그날, 도청을 끝까지 사수하려다, 민주주의를 지키려다 숨져간 광주의 시민군들이 떠올랐다.

> 초여름 논물 안에 온몸을 가둬두고
> 합창과 제창의 흐릿한 경계에서
> 개구리 밤새 우는 밤, 5월의 그날 같은
>
> —유헌, 「전야(前夜)」 전문

 가을이 왔다. 광주 금남로를 찾았다. 금남로 가로수길에 노란 은행잎들이 나부끼고 있었다. 우수수 날리고 있었다. 그날의 역사가 주마등처럼 스치고 지나갔다. 그날의 함성이 가까이에서 들렸다. 뒤쫓아오는 계엄군들의 군홧발 소리도 함께 들렸다.

> 네거리 노란불이 시간을 재고 있네
> 만장 같은 돛을 내건 시월의 금남로
> 가만히 귀를 세우니 군홧발이 달려오네.
> 가로수는 기억하네 부릅뜨고 보았다네
> 어머니가 쥐여 주신 주먹밥 한입 물고
> 상무관 뒷골목에서 멈춰버린 흑백사진.
> 떨켜 키운 은행나무 새순으로 다시 서듯

단풍으로 몸을 태워 일어서는 저녁노을
오던 길 되짚어보니 가야 할 길 보이네.

-유헌, 「시월, 금남로에서」 전문

   5.18 열흘간의 항쟁은 공식 기록문서나 목격담 등으로 많이 알려져 있으나 5.18을 직접 온몸으로 겪은 내 친구들의 이야기도 여기 보태고자 한다. 가족끼리도 자주 만나며 지내는 고교 동창 모임 6명 중 2명이 5.18 당시 씻을 수 없는 상처를 입었다. 친구의 목소리를 직접 들어보자. 아래 내용 중 정확한 시간 등은 〈5.18 기념재단〉 '5.18 타임라인'을 역시 참고했다. 친구 정현택의 증언을 먼저 들어보자.

   "5월 20일(화) 저녁 8시경으로 기억한다. 평범한 직장인이었던 정현택 나는 그 무렵 광주 임동 서림초등학교 정문 건너편에서 자취했다. 퇴근해 집에 있는데 밖이 몹시 소란했다. 시위대가 지나가고 있었다. 나가볼까 하다가 피곤해 그냥 집 안에 있었는데 문틈으로 애국가가 들려왔다. 시위대가 애국가를 부르며 지나가고 있었다.

   애국가를 들으니 울컥했다. 집에 가만히 앉아 있을 수가 없었다. 나도 모르게 눈물이 주르륵 볼을 타고 흘러내렸다. 집 밖으로 뛰쳐나와 대열에 합류했다. 그들은 금남로에서 유동사거리, 아세아극장 옆길을 지나 무등경기장으로 향하는 중이었다. 나도 무등경기장에서 다시 전남여고, 광주역을 지나 대의동 광주MBC까지 애국가를 부르며 행진했다.

그에 앞서 저녁 7시 45분, 광주MBC 앞으로 몰려간 5천여 명의 시민들이 저녁 8시 뉴스에 광주 상황을 보도해 줄 것을 요구하며 시위를 벌였다는 소식을 들었다. 저녁 8시 30분경 광주MBC가 불에 탔다는 소식도 들렸다. 우리도 광주MBC로 향했다. 불에 탄 앙상한 건물 곳곳에서 시커먼 연기가 피어오르고 있었다. 침묵하고 있는 언론에 분노가 일었다. 왜곡 보도에 분노가 치밀었다.

우리는 다시 광주역 주변에 있는 광주KBS로 향했다. 독재정권을 비호하는 나팔수 방송에 대해 항의하기 위해서였다. 9시경 광주MBC와 KBS의 방송이 중단됐다는 소식이 시위대에 전해졌다. 9시 25분 횃불 시위대 200여 명도 광주역으로 행진했다. 11시경 광주세무서가 불에 탔다는 소식이 날아왔다.

자정 무렵 3공수여단 군인들이 광주역 앞 시위대를 향해 발포를 시작했다. 다수가 총격을 받고 큰 부상을 당했다. 그중에 나도 있었다. 대열 선두에서 나는 가슴 관통상을 입었다. 내 옆에 있던 사람들이 하나둘 쓰러졌다. 그때 터미널 쪽에서 시위대가 탄 시외버스가 달려왔다. 그 버스에 실려 나는 적십자병원으로 긴급 후송됐다. 가는 길에 이곳저곳에서 중상을 입은 시민들이 버스에 더 탔다. 차 안에 들어서자마자 그들은 그대로 바닥에 쓰러졌다.

나는 적십자병원으로 후송됐으나 부상 정도가 너무 심해 응급조치만 받고 앰뷸런스로 전남대병원으로 급히 후송돼 생사를 넘나드는 4차례의 큰 수술을 받았다. 9개월 만에 퇴원했으나 가슴에 박힌 납탄 후유증으로 증세가 다시 악화돼 원광대 병원에서 재수술을 받고 4개월 만에 퇴원했다. 13개월의 긴 병원 신세를 졌다. 내 몸과 마음에 깊이 박힌 상처, 그 상처가 아물 날은 언제일까."

친구 허진옥의 이야기도 들어보자. "나 허진옥은 5월 19일(월) 낮 12시경 광주경찰서 뒤 무등고시학원에서 강의를 듣고 있었다. 갑자기 강의실 문이 확, 열리고 일련의 젊은이들이 뛰어 들어왔다. 11공수 군인들의 무차별 연행을 피해 시민 학생들이 학원으로 도망을 온 것이다.

곧이어 군인들이 들이닥쳤다. 보이는 대로 진압봉을 휘둘렀다. 군인들은 술 냄새를 풍겼고 마치 굶주린 맹수 같았다. 우리가 책상 등으로 바리케이드를 치고 필사적으로 저항했지만 소용없었다. 그때 끌려간 사람들이 사십여 명 정도로 기억한다. 우리는 모두 전남도청 분수대 앞까지 손을 머리 위로 올린 채 오리걸음으로 끌려갔다. 분수대 앞에는 이미 많은 사람들이 영문도 모르고 붙잡혀 있었다.

주변에서 이 광경을 지켜보던 시민들의 항의가 있었지만 군인들은 아랑곳하지 않았다. 우리는 모두 짐짝처럼 닭장차에 실려 어디론가로 출발했다. 차 안에서도 구타는 계속됐다. 비명과 신음이 고막을 찢는 듯했다. 닭장차가 정차했다. 슬쩍 창밖을 보니 서광주경찰서 앞이었다. 뭔가 상황이 여의치 않은지 닭장차는 다시 출발했고 한참 후에 도착한 곳은 31사단이었다.

그곳에는 여러 동의 임시 천막이 쳐져 있었다. 마치 전쟁터의 수용소 같았다. 이미 들어온 사람들이 있었고 속속 또 들어왔다. 31사단 군인들이 어떻게 된 일이냐고 우리에게 물었다. 광주 상황을 얘기해줬더니 다들 깜짝 놀라는 눈치였다. 세상이 어떻게 돌아가는지 모르고 있는 것 같았다. 날마다 조사받고 구타를 당했다. 난 부상 정도가 심해 의무대에서 치료할 수 없으니 큰 병원으로 가라며 풀어줬다. 나 허진옥은 7일 만에 지옥에서 벗어날 수 있었다."

그리고 45년이라는 긴 시간이 흘렀다. 2024년 12월 3일 늦은 밤, 전국에 비상계엄이 내려졌다. 대한민국에 비상계엄령이 내려졌다. 모두가 귀와 눈을 의심했다. 도저히 믿을 수가 없었다. 아니 믿지 않으려고 했다. 비현실적이었기 때문이다. 일어나서는 안 될 일이 일어났기 때문이다. 어떻게 21세기 대한민국에서 이런 일이 일어날 수 있을까. 그러나 현실이었다. 시민이 다시 일어섰다. 국민이 나라를 다시 지켰다. 내란의 우두머리 등 내란 세력은 모두 감옥에 갇혔다. 오월 그날이 다시 떠올랐다.

그해 오월, 무등산은 잠들지 않았다
벌떡 일어나 사관(史官)처럼 낱낱이 기록했다
온 산이 메아리가 되어 우렁우렁 울었다.
지금 계엄군들이 몰려오고 있습니다
5.18 가두방송 여인의 붉은 외침을

온 산이 속울음으로 받아적고 있었다.

다시 오월, 무등산은 여전히 깨어 있다

광주여, 빛의 혁명이여, 광장의 노래여

온 산이 응원봉을 들고

쩌렁쩌렁 외치고 있다

-유헌, 「무등산」 전문

  무등산은 어제도 오늘도 그 자리에 있다. 눈을 부릅뜨고 지켜보고 있다. 무등산은 거대한 역사의 고비 고비마다 현장을 지켜왔고 지켜오고 있다. 중봉 지나 서석대까지 봉우리 봉우리마다 응원봉을 들고 쩌렁쩌렁 외치고 있다. 빛의 역사를 쓰고 있다. 오월 그날처럼 깨어 있는 시민이 있는 한, 무등산이 저처럼 퍼렇게 지켜보고 있는 한 광주의 오월은 횃불이 되어 이 땅을 밝게 비출 것이다.

제5부

무인기에는 귀가 없다

백운동원림의 봄

 백운동에 봄이 깊어간다. 백운동원림의 봄이 날마다 깊어간다. 계곡도 물이 들고 물소리도 봄물이 들었다. 쑥물 든 하늘만큼이나 백운동의 봄빛이 청푸르다. 그 비밀의 정원, 백운동원림 의 계절 속으로 잠시 들어가 보자.

 월출산 자락 백운동원림은 '백운동 정원' '백운동 별서정원' 등으로 불리다가 지난 2019년부터 '백운동원림'이라는 새로운 이름을 갖게 되었다. 문화재청이 강진 백운동원림의 역사, 경관, 학술 가치를 인정하면서 국가지정문화재 명승 제115호로 지정했기 때문이다.

 백운동원림은 조선 중기 처사 이담로의 별서정원으로 문을 열었다. 살림집이 따로 있어 별서라는 이름이 붙었고, 본가는 백운동원림에서 10여 킬로미터 남쪽에 있는 금당리 '백연당'으로 알려져 있다. 이담로는 만년에 손자 이언길과 백운동으로 들어와 20여 년간 은거하며 별서를 가꿨다고 전해진다. 지금도 별서 입구 바위에, 월출산에서 흘러내린 물이 안개가 돼 구름으로 올라가는 마을 '백운동'(白雲洞) 글귀가 어제와 오늘을 연결하고 있다.

그런 별서정원이 어떻게 '원림'이라는 이름을 얻게 되었을까. 이 부분은 백운동원림의 특징이자 가치이기도 하다. 파헤치고 쌓고 부수기보다는 자연을 최대한 이용해 정원을 꾸몄기에 원림이 된 것이다. 원림(園林)이란 "자연에 약간의 인공을 가하여 그 안에 정자를 짓고 나무나 꽃을 심어 정원을 꾸미기도 한다."라고 사전에서 설명하고 있듯이 말이다.

자연 그대로를 살렸다는 것은 주변이 그만큼 빼어난 경관을 갖고 있다는 의미일 수도 있겠다. 호남 3대 정원으로 불리는 담양 소쇄원, 완도 부용동과 비교해 봐도 그렇다. 조선의 정원 양식을 그대로 살렸을 뿐만 아니라 월출산이라는 걸작이 병풍처럼 받쳐주고 10만 평 녹차밭이 주위를 감싸고 있어 가히 천혜의 입지라 할만하다. 다산과 초의, 이시헌 등이 차를 만들고 즐겨온 차 문화 산실의 맥은 이한영의 백운옥판차와 고손녀 이현정 선생으로 이어지고 있다. 그 백운동원림에 봄이 한창이다. 봄을 노래하는 새소리가 왁자지껄 요란하다.

> 산다경 터줏대감 동박새가 소집한, 옥판봉 저 너머 갖갖의 산새들이 앞서거니 뒤서거니 속속들이 도착해 옛 선비 두리두리 풍류 읊었을 자리쯤에 전깃줄에 참새 앉듯 일렬로 좌정하자 동박새 포르르 돌계단에 올라서서 일장 연설하는 품새 미루어 짐작건대, 강남 갔다 돌아온 제비의 환영회 겸, 취미선방 처마 밑 옛집의 입주식 겸, 유상곡수 푸른 물로 부리도 닦을 겸,

운당원 대바람 소리로 귀도 씻을 겸, 여차여차 주절주절 머뭇머뭇 갸웃갸웃, 칼바람 눈보라 회오리 다 잊고 비바람 먹구름 천둥소리 다 잊고 그냥저냥 한나절 백매오 가지에서 매향에 흠뻑 취해 잘 놀다 가랍니다 정선대 날아올라 신선이 되었다가 모란체에 내려앉아 모란꽃 되었다가 조롱이는 삐삐삐삐 팔색조는 호잇호이잇 긴꼬리딱새 호이이호이이 제비는 지지배배 삼짇날 제비 돌아온 날 곡수연(曲水宴) 벌입니다

-유헌, 사설시조 「백운동원림의 봄」 전문

백운 12경 중 2경 산다경(동백나무숲) 동박새가 옥판봉(1경) 너머 산새들을 초대해 유상곡수(5경)에서 곡수연을 벌이는 정경을 사설시조로 풀어봤다. 백매오(3경), 모란체(8경), 취미선방(9경), 정선대(11경), 운당원(12경) 등을 오가며 새들이 봄을 노래하고 있다.

다산은 1812년 가을, 제자들과 월출산 등반을 마치고 내려오는 길에 백운동에 들러 하룻밤을 묵는다. 다산초당으로 돌아와서도 한동안 백운동을 잊지 못해 동행했던 초의에게 '백운동도'를 그리게 하고, 초의와 제자 윤동 등과는 직접 '백운 12승사'의 시를 지어 '백운첩'이라는 시첩을 엮은 후 백운동 4대 동주 이덕휘에게 선물한다.

백운동의 풍경을 시로 쓰고 그림으로 그린 백운첩에는 '다산초당도'까지 함께 실려 있어 오늘날 백운동원림과 다산초당 복원의 근거가 됐다. 200여 년 동안 백운동을 지키고 가꿔

온 후손들이 있었기에 가능한 일이었다. 두 세기에 걸친 땀과 정신을 이제 12대 동주 이승현 선생이 잇고 있다. 그 백운동에 봄이 깊어가고 있다.

구강포에 달이 뜨면

구강포는 참 친숙한 말이다. 강진사람들의 입에 자주 오르내리는 포구이기도 하다. 한자 그대로 풀면 '아홉강 포구' 정도로 얘기해도 되는지 모르겠다. 구강포와 함께 백금포, 남당포 등도 내가 사는 강진에서는 익숙한 이름이다.

남당포(南塘浦)는 지금의 남포이다. 조선왕조실록 정조 18년 갑인년(1794) 편에서 '조선시대 병영의 외창(外倉)이 강진현의 남쪽 5리 남당포에 있었는데, 3천여 석이 넘는 창고의 곡식을 주민들에게 환곡으로 나누어 주었다'라는 기록만 봐도 그렇다.

그런데 구강포는 구체적으로 어디를 말하는지 잘 모르겠다. 쉽게 말을 하면서도 "구강포가 어디야?"하고 물으면 말문이 막힌다. 막연히 백금포나 남포, 다산초당 아래 바닷가를 떠올리곤 했으니까 말이다.

강진만에 접해 있는 초중고의 교가를 살펴봤다. 강진중과 전남생명과학고(구강포 맑은 물이∽), 강진여중(구강포 모인 물결 강진만을 감싸 안아∽), 강진고(열골물 모여들어 구강포

합수하듯∞), 도암초(구강포 넓은 바다∞), 칠량초(구강의 푸른 바다∞), 대구초(구강에 푸른 물결∞) 등 강진만 대부분의 초중고 교가 가사에 구강포가 들어가 있다.

그만큼 강진에서 구강포의 상징성은 크다. 강진의 금릉팔경(金陵八景)에 구강포에서 불을 켜고 고기를 잡는 야경을 의미하는 구강어화(九江漁火)가 들어 있는 부분도 눈여겨볼 만하다.

구강포는 내가 생각한 대로 남포나 도암만의 어느 특정 포구만은 아닌 것 같았다. 칠량, 대구 지역 학교의 교가에서도 모두 구강포를 노래하고 있기 때문이다. 구강포는 이미 강진사람들의 마음속에 자리한 우리들의 포구였다.

> 우연인 듯 약속인 듯 줄줄이 흘러 흘러
> 굽이굽이 아홉 굽이 물굽이를 휘돌아서
> 한줄기 인연의 강물 개어귀에 닿았을까.
> 초당 불빛 내려와 윤슬로 뜬 강가에서
> 흰 달빛 홀로 품은 남당포 여인이여
> 석가산 백일홍 같은 연지곤지 찍겠네.
>
> ―유헌, 「구강포에 달이 뜨면」 전문

1801년, 삭풍 휘몰아치는 동짓달 저물녘, 강진 동문 밖 주막에 남루를 걸치고 한 남자가 도착한다. 다산 정약용이다. 다산과 강진이 만나는 극적인 순간이었다. 천 리 먼 길 귀양지 강진에서의 유배생활이 시작된 것이다.

다산은 주막 골방에 사의재라는 이름을 붙이고 그곳에서 4년을 기거한다. 그 후 보은산방, 이학래 집 등을 거쳐 드디어 1808년 봄, 만덕산 초당에 정착한다. 제자들을 가르치고 본격적인 저술 작업에도 들어간다. 그때 만난 여인이 홍임의 모(母)라 불리는 남당포의 남당네이다. 문사고전연구소장 양광식 선생은 홍임은 소설 속의 이름이며, 두 사람의 관계는 '막수'라고 했다. 부담 없는 사이였다는 것이다.

남당네는 초당 강학(講學)과 집필에 불편함이 없도록 늘 곁에서 다산을 도왔다. 빨래를 하고 병 수발을 들고 밥을 지어 올렸다. 그리고 사랑하는 사이가 되었다. 딸까지 낳았다. 그 딸에게 다산이 남긴 그림이 의증종혜포옹매조도(擬贈種蕙圃翁梅鳥圖)이다. 가경(嘉慶) 계유년 8월 19일, 1813년의 여름 일이다.

18년의 강진 유배 중 다산이 사랑한 유일한 여인 남당네, 유배 첫날 모두가 눈길조차 주지 않고 피하던 대역죄인 다산을 따뜻하게 품어준 동문 밖 주모, 그 두 여인이 없었더라면 다산은 어떻게 됐을까. 다산 탄생 250주년을 맞는 지난 2012년, 다산은 루소, 헤르만 헤세, 드뷔스와 함께 유네스코가 선정한 올해의 인물이었다.

그해 여름처럼 다시 여름이 왔다. 그날처럼 구강포에 흰 달빛이 차올랐다. 강진만, 어쩌면 남당포 갯가의 돌로 쌓아 올렸을 초당의 연지(蓮池) 석가산에 백일홍이 피었다. 다산과 다정히 연지 주변을 걷던 남당네의 볼에 핀 연지곤지처럼 백일홍이 활짝 피었다.

그 많던 까마귀 떼는 어디로 다 갔을까

엊그제 많은 눈이 내렸다. 내렸다 하면 폭설이다. 길도, 나무도, 지붕도 한 폭의 수묵화 속으로 사라졌다. 겨울비도 내렸다. 한겨울에 폭우가 내렸다. 같은 날 남쪽은 호우주의보, 영동지방엔 대설주의보가 내려졌다. 내가 사는 남도 강진에서 강원도 대관령까지는 승용차로 대략 5시간여의 거리. 한 나라 안에서 폭우와 폭설이 동시에 쏟아진 것이다.

이런 이상 기후는 우리나라만의 일은 아니다. 지구촌 곳곳이 몸살이다. 한겨울 홍수로 집채가 떠내려가고, 한여름 눈사태로 마을 전체가 고립되기도 한다. 시도 때도 없이 꽃도 피고 진다. 요즘 농촌에선 그 흔한 겨울 까마귀 떼 보기도 힘들어졌다.

까마귀가 줄어든 건 여러 이유가 있겠지만 기상이변도 한몫하는 것 같다. 조류 전문가들이 기후 변화를 가장 큰 원인으로 꼽고 있으니 말이다. 시베리아 등지에서 주로 서식하는 떼까마귀는 겨울을 나기 위해 남쪽으로 이동해 우리나라를 찾는데, 지구온난화로 시베리아가 온화한 날씨를 보이면서 떼까마귀 이동이 줄었다는 것이다.

들판에서 까마귀 보기가 힘든 걸 농경지 감소와 보리 재배 면적 축소에서 찾는 전문가도 있다. 갈수록 까마귀의 먹잇감이 줄어들어 농촌보다는 일부 도심으로 몰리고 있다는 것이다. 어느 정도 일리가 있어 보인다. 7~80년대만 해도 눈 쌓인 보리밭을 까마귀 떼가 뒤덮었으니 말이다. 그 까마귀 떼를 쫓아 논두렁 밭두렁을 내달렸던 기억이 어제 일처럼 생생하다.

> 희끗희끗 눈 쌓인 보리밭 까마귀 떼
> 금세 닿을 것 같아 손에 잡힐 것 같아
> 단숨에 논틀밭틀을 내 달린 동심이여.
> 줄 끊긴 방패연처럼 아스라이 사라져간
> 내 유년의 첫사랑 같은 아득한 기억이여
> 그 많던 까마귀 떼는 어디로 다 갔을까.
>   -유헌, 「그 많던 까마귀 떼는 어디로 다 갔을까」 전문

하얀 눈을 뒤집어쓴 파란 보리밭의 까만 떼까마귀. 달려가면 금방 맨손으로도 몇 마리 잡을 수 있을 것 같아 하루해가 저무는 줄 몰랐었다. 다가가면 날아가고 다가가면 날아가고… 한겨울 동무들과 함께 찐뽕을 하며 놀던 보리밭도, 그 보리밭의 까마귀 떼도 자취를 감췄다. 그 떼까마귀는 사라졌지만 가끔 동네 앞산에서 까마귀 울음소리가 들려와 옛 생각에 젖게 한다. 여름에도 울고 가을에도 운다. 까마귀는 무리를 지어 서

식한다는데 홀로 울고 있으니 더 처량해 보인다.

> 문득 눈을 맞춘 그 눈빛이 말을 하네, 노지 마라 가지 마라 비수보다 벼린 왕따, 눈동자 시커멓다고 그리 볼까, 세상도. 시(詩)의 나이만큼 발자국도 깊어져서, 지워도 드러나는 편견의 긴 그림자, 까마귀 울고 있는 밤, 나도 따라 울었지.
> —유헌, 「까마귀를 위한 변명, 까마귀 노는 곳에 백로야 가지 마라」 전문

까마귀는 굴뚝에서 금방 나온 것 같은 시커먼 모습에 울음소리까지 음습한 분위기를 풍겨 흉조로 알려져 있으나 꼭 그런 것만은 아닌 것 같다. 역사적으로 봐도 까마귀가 우리 민족에게 친숙한 길조인 것만은 분명해 보인다. 나라를 상징하는 고구려의 국조는 세 발 달린 까마귀 '삼족오'였고, '견우와 직녀' 이야기 속의 오작교는 까마귀와 까치가 합심해 놓은 사랑의 다리였다.

죽은 동물의 사체를 먹어치우는 청소동물 역할은 물론 나이 든 어미에게 자식 까마귀가 먹이를 물어다 드리며 봉양을 하고, 새끼가 태어나면 공동으로 새끼를 보살피고 특정 새끼를 돌보는 보모를 두는 경우도 있다고 하니 까마귀의 지혜와 심성, 효심에 놀라지 않을 수 없다.

그런데 인간의 편견과 선입견, 타고난 외모 때문에 왕따를 당하며 살아간다고 생각해 보라. '까마귀 날자 배 떨어진다'라

니 왜 하필 그 순간에 까마귀가 날아가야 하나. 고사성어에서 유래한 말이긴 하지만 그래도 까마귀는 억울하다. 깜박했다고 '까마귀 고기 먹었냐'고 힐난하는 건 또 뭔가. 억울함은 사람에게만 있는 것이 아니다.

무인기에는 귀가 없다 10

　요즘 풍선이 말썽이다. 하늘의 풍선이 골칫거리다. 풍선이 자칫 총부리가 될까, 걱정이다. 대명천지 21세기 파란 하늘에 떠다니는 희한한 오물 풍선으로 대포를 주고받을까 걱정이다. 오물 풍선이 휴전선 접경지역은 물론 수도 서울 도심까지 날아들었다니 충격이다.
　북한에서 날아온 오물 풍선은 크기가 3~4m에 이르는 것도 있다니 이게 무슨 날벼락인지 모르겠다. 강한 바람을 타고 온 풍선이 경상도, 전라도까지도 날아들고, 밤늦은 시간, 고속도로나 민가에 떨어지면 인명피해가 발생할 수 있을 만큼 위협적이라니 정말 걱정이다.
　오물 풍선은 비닐봉지를 연결한 끈에 타이머와 기폭 장치를 설치해 한반도 상공에서 내용물이 떨어지도록 설정해 놓은 모양이다. 비닐봉지 안에서 찢어진 종이와 천 조각 등 각종 쓰레기와 거름으로 추정되는 오물이 발견돼 그나마 다행이지 폭발물이나 생화학 성분 등 위협 물질이 들어 있었다면 어떻게 됐을까. 섬뜩하기까지 하다.

문제는 북한의 그런 돌출 행위가 언제 끝날지 알 수 없다는 데 있다. 탈북민 단체 등에서 대북전단 살포 등으로 맞대응을 하고 있어 이것도 걱정이다. 이러다 상황이 계속 악화해 오물이 아닌 생화학 물질이나 방사성 물질이 날아온다면 어찌 되겠는가. 언제까지 무인기를 바라보고 고래고래 소리를 지를 것인가.

허공에 대고, 도발해 오면 몇 배로 응징할 것이라는 메아리 없는 경고만 날릴 것이 아니라 마주 보고 앉아 대화를 해야 한다. 그런 노력을 기울여야 한다. 강 대 강 대치는 너도, 나도 파멸에 이르는 길이란 걸 왜 모르는가. 그것도 같은 민족, 동족끼리 말이다.

재작년 12월에는 북한의 무인기가 내려와 한반도 상공을 휘젓고 다녔다. 백주에 수도권 영공을 침범한 북한 드론 무인기가 용산 대통령실과 불과 3.7㎞ 떨어진 종로 일대를 비롯해 동대문 상공까지 저공 비행한 것으로 드러나 충격을 주고 있다.

어느 겨울 선을 넘어온 무인기(無人機), 화들짝 혼이 나간 남의 하늘부대, 무인기 꽁무니에다 대고 고래고래 소리를 질러댑니다 경고한다 경고한다 당장 돌아가라 무인기는 못 들은 척 아니 들을 수 없어 유유히 유유자적 요것조것 이곳저곳 속속들이 보고 갑니다 무인기 기가 막혀 귀 없는 기가 꽉 막혀 콧방귀 한 방 세게 발사하고 큰 거 하나 터뜨려놓고 그 먼 나라로 잘 놀다 돌아갑니다. 멍하다, 남의 하늘이 빵빵 뚫렸습니다.

-유헌, 사설시조 「무인기에는 귀가 없다」 전문

지나간 일을 다시 소환한 건 정부의 한심한 위기 대응 능력에 하도 기가 막혀서다. 그때도 우왕좌왕했었다. 처음 북한 무인기의 우리 비행금지 구역 침범을 부인해 오다 군은 결국 늦게서야 실토했다. 국민에게 거짓말까지 했다. 이래서야 어찌 군을 믿고 정부를 신뢰할 수 있겠는가.

우리에게 지난 시절의 풍선은 동심이었다. 학교가 파하기 무섭게 문구점 앞에 삼삼오오 모여 풍선 크게 불기 놀이하던 기억에서부터 가을운동회 날 청군 백군 풍선 터뜨리기 경주에 이르기까지 풍선과 함께 꿈을 키우며 자랐다. 지금도 청군 이겨라, 백군 이겨라, 그 순수의 함성이 들려오는 듯하다.

"쪽빛 하늘 바라보다 괜스레 웃음 난다, 저게 만약 터져서 쏟아져 내린다면, 싸울 일 진짜 없겠네! 온누리가 청군이니". 변현상 시조시인의 「쪽빛 하늘 바라보다」라는 단시조이다. 정말 꿈같은 얘기지만 우리 한반도 푸른 하늘에서 오물 풍선이 아닌 쪽빛이 쏟아져 남과 북 모두 청군이 됐으면 좋겠다. 이제 더 이상 무인기가 날아오고 오물 풍선이 투척 되지 않도록 남북이 평화의 테이블에 앉아 대화를 했으면 좋겠다. 그런 노력이라도 했으면 좋겠다. 사람도 없는 무인기에 대고 고래고래 고함이나 지르는 이런 코미디는 없었으면 좋겠다. 냉혹한 국제사회에서 서로 협력하며 자랑스러운 한민족으로 함께 발전해 갔으면 좋겠다.

할머니의 입학식

어느 날 갑자기 문자가 사라지면 어떻게 될까. 어둠에 빛이 사라지듯 문자가 하나둘 자취를 감추면 무슨 일이 일어날까. 과거를 누가 기억하며 오늘과 내일을 어느 누가 기록할까. 컴퓨터 앞에 앉아서 문득 해본 생각이다.

나의 이런 상상은 물론 비현실적이다. 이 땅에서 문자가 사라지는 일은 지구상에서 공기가 사라지는 것보다 더 현실성이 없어 보이기 때문이다. 그만큼 우리 인간의 삶 깊숙이 문자가 자리하고 있다는 얘기일 수도 있겠다. 인류의 역사가 문자와 함께 발전해 왔기 때문에 더욱 그렇다.

세상에는 수많은 언어가 있다. 그런데 「Derivation.co」(2023)의 자료에 따르면 지구촌에서 사용 중인 7,168개의 언어 중 43%인 3,078개의 언어가 곧 소멸 위기에 처할 거라고 한다. 주로 소수민족이나 미국, 호주 등의 원주민 언어가 그 대상이라고는 하지만 현재 8,800여만 명이 사용 중이라고 하니까 새삼 문자의 소중함에 대해 돌아보게 된다.

인류는 언제부터 이런 문자를 사용했을까. 그 역사를 거슬러 가면 아스라하다. 가장 원시적인 문자의 형태는 기원전 5만 년경, 돌이나 동물의 뼈에 새긴 조각에서 시작됐다니 참으로 까마득한 옛날이다.

이처럼 문자는 그림에서 시작되어 뜻글자를 거쳐 가장 발전된 형태인 소리글자로 진화했는데, 우리 한글은 그 소리글자인 표음문자 중에서도 음소문자에 해당해 독창적이고 체계적인 문자라고 할 수 있다. 특히 자음과 모음의 조합으로 이뤄져 매우 과학적이고 배우기 쉽다는 평가까지 받고 있다.

그래서일까. 세계인의 한글사랑은 가히 선풍적이다. 한글의 우수성을 이미 세계인이 인정하고 있다. 한글은 우리가 익히 아는 대로 세종 25년, 1443년에 창제하고 완성했으며 1446년에 훈민정음이라는 이름으로 반포했다. 전 세계의 문자를 통틀어 독자적으로 창제된 몇 안 되는 문자가 한글이다. 반포 당시엔 언문(諺文)이었으며, 구한말에는 국문(國文), 일제강점기를 전후하여 한글로 불리기 시작했다.

한글이 세계인의 사랑을 받게 된 데는 K-pop 등 한류의 영향이 크겠지만 우리의 국력도 한몫하고 있음을 부인할 수는 없을 것이다. 우리 한글을 배울 수밖에 없는 국제환경 말이다. 이미 유럽의 여러 대학에서 일본어, 중국어를 제치고 우리 한글을 제2 외국어로 선택하고 있다는 사실만 봐도 그렇다.

인도네시아 찌아찌아족은 아예 우리의 한글이 공식 문자라고 한다. 문자 없이 수백 년을 살아오던 찌아찌아족의 잊힌 목소리를 찾아준 은인이 한글인 것이다. 그래서 한글은 이제 한

국민의 자산이 아니고 인류의 소중한 유산이라 할 수 있겠다.

한글이 세계로 뻗어 나가는 이유는 또 있다. 바로 문학의 힘이다. 어찌 보면 절대적이라고까지 할 수 있다. 한강의 노벨문학상 수상 이후 그 현상은 더욱 두드러지고 있다. 스웨덴 한림원이 한강의 작품을 '역사적 트라우마에 맞서며 인간 삶의 연약함을 드러내는 강력한 시적 산문'이라고 밝혔듯이 이번 수상의 의미는 크고도 높을 뿐만 아니라 우리 한글의 아름다움까지 발견한 계기가 됐다 하겠다. 우리 한글과 한글문학이 국제적으로 인정을 받았고, 세계적으로 확장될 가능성까지 보여줬기 때문이다.

한강 작가는 노벨문학상 수상 이전에도 권위 있는 해외 문학상들을 여럿 받았다. 국제무대에서 상을 받으려면 번역이 중요한데, 우리 한글의 독창적인 음운과 문장 구조가 작품 속 인물의 미묘한 감정과 내면 표현에 걸림이 없었다는 얘기일 수도 있겠다. 한국어가 가진 섬세함과 감성적 표현에 적합했다는 의미이기도 하다.

그래서인지 한글을 배우려는 세계인들의 열기도 뜨겁다. 한글을 가르치는 학교가 국내는 물론 해외까지 크게 늘고 있으니 말이다. 한글학교는 당초 문맹 퇴치를 위하여 한글을 가르치던 교육기관을 의미했으나 지금은 교민이나 외국인을 대상으로 한글을 가르치는 기관까지를 포함한다고 할 수 있다. 그래서 남미 파라과이, 프랑스 파리, 태국 치앙마이 등 세계 방방곡곡에 한글학교가 없는 곳이 없을 정도다. 그만큼 우리나라의 위상이 높아졌다는 방증일 수도 있겠다.

해외에서 운영 중인 한글학교가 k-pop이나 k-드라마 등 우리 문화에 대한 관심과 국제 교류 때문에 성황을 이룬다면 국내 한글학교의 경우는 조금 다를 수 있다. 우리 한국에 사는 다문화 가정이나 배움의 기회를 놓친 사람들이 대부분이기 때문이다.

> 우리 옆집 할머니 초등학교 입학식 날
> 볼록한 가슴에 손수건을 찼네요
> 쪼르르 흐르는 눈물 가만가만 훔쳐요.
> 학부형은 엄마 아빠 선생님은 우리 삼촌
> 후배가 생겼어요 폐교 위기 넘겼어요
> 신입생 할머니들이 가갸거겨 따라해요
>
> ─유헌, 「할머니의 입학식」 전문

우리네 부모님 세대엔 정말 초등학교를 제대로 다니지 못하신 분들도 많았다. 그만큼 경제적으로 어려웠다는 얘기다. 그 못 배운 한을 풀기 위해 지자체나 민간 단체 등에서 운영하는 한글 교실 등을 찾는 어르신들이 많다. 늦은 나이에 아예 초등학교에 입학하는 할머니 할아버지도 늘고 있다. 공부도 하고 폐교 위기도 넘기니 본인도 좋고 학교도 좋고. 세상이 그렇게 변했다.

월출산

난 날마다 국립공원으로 간다. 매일 아침 출근하듯 거의 정시에 그곳으로 간다. 가는 길은 막히지 않는다. 자동차가 끼어드는 일도 없다. 신호등도 하나 없다. 따라나선 새소리, 바람소리, 물소리와 함께 그냥 걸으면 된다. 가끔은 고라니가 놀라 가로질러 도망가고 다람쥐가 나타났다 바위 뒤로 슬쩍 사라지기도 한다.

국립공원 월출산의 남쪽 자락에 살다 보니 누리는 호사라고나 할까. 집을 나서기 전부터 월출산 정상을 바라보며 걷는다. 손을 뻗으면 잡힐 듯 809미터의 천황봉이 눈앞에서 등대처럼 길잡이를 하니 옆길로 샐 일이 없다. 지루하지도 않다. 뭉게구름이 산 정상을 휘감고, 흰 구름이 그 너머로 흘러가고 가끔은 비안개 속에 숨기도 하는 천황봉. 그렇게 난 날마다 국립공원 월출산 경포대 계곡으로 운동을 하러 간다.

이런 월출산과 같은 국립공원이 우리나라엔 23개가 있다. 가장 먼저 지정된 국내 1호는 지리산이고 내가 사는 동네 뒷산 월출산은 20번째 국립공원이다. 이에 앞서 1872년 미국의 옐

로스톤이 세계 최초의 국립공원으로 지정되면서 이 제도가 전 세계로 확산했다고 하니 국립공원의 역사가 꽤 깊다 하겠다.

나라에서 국립공원을 지정하는 이유는 간단하다. 다양한 동식물과 유적 등이 그곳에 산재해 있으므로 체계적인 운영을 위해 관리 주체가 필요한 거다. 자연생태계와 지형, 지질자원, 환경, 문화와 역사 유산 등을 지속해서 보전하고 관리하기 위해서 국립공원을 설립한 거다.

국내의 국립공원 중 가장 규모가 작다는 월출산에만도 2천 9백여 종의 야생 동식물이 서식하고 있다니 자연 생태계의 보고가 한국의 산야라 할만하다. 월출산의 깃대종인 토종 민물거북 남생이와 끈끈이주걱 등 다양한 생물자원이 월출산에서 보호를 받는 것이다. 특히 천연기념물인 월출산 남생이는 지난 2023년 한국의 국립공원 기념주화로도 제작돼 생태 보존의 중요성을 일깨우고 있다.

국립공원 월출산에도 국보 등 역사, 문화유적이 곳곳에 있다. 남쪽 자락의 무위사와 월남사지, 북쪽의 도갑사에 국보급의 문화유산이 특히 많다. 조선 전기 맞배지붕 양식이 특징인 강진 성전면의 무위사 극락보전은 국보 13호이며, 아미타여래삼존벽화는 국보 313호이다. 아미타여래삼존좌상, 백의관음도 등의 벽화와 후삼국시대 승려 형미를 기리는 선각대사탑비도 무위사가 보유한 보물들이다.

고려시대 승려 진각국사가 창건한 것으로 알려진 강진 월남사에도 월남사지 3층석탑과 진각국사비 등 2점의 보물이 있으며, 월출산의 북쪽에 위치한 영암 군서면의 도갑사 역시 소중한 국보와 보물을 간직하고 있는 사찰이다. 도갑사 해탈문은 국보 50호이며, 석조여래좌상과 해탈문 안의 목조 동자상 등은 보물이다.

우리나라 가장 높은 곳의 국보도 월출산에 있다. 구정봉 아래 용암사지 가는 길목 해발 600미터 지점에 있는 국보 144호 마애여래좌상이 바로 그 석불이다. 통일신라시대 후기에 조성한 마애여래좌상은 절벽의 화강암을 부조로 새겨 만들었기 때문에 하늘 아래 첫 부처라는 별칭도 갖고 있다. 마애여래좌상을 지나 200미터쯤 내려가면 폐사지가 나타나는데 그곳엔 보물 1283호 용암사지 삼층석탑이 있다.

> 스치는 바람에도 이끼가 끼었을까
> 퍼렇게 녹이 슨 시간의 잔뼈들이
> 폐사지 휩쓸고 가네 가다가 멈춰서네.
> 인적은 없어도 향기가 거기 있어
> 천 년 전 기왓장에 산새가 내려앉아
> 톡톡톡 독경을 외네 말씀을 줍고 있네.
> 먼 산길 돌아서 온 탁발승의 몸짓일까
> 아슬아슬 벼랑에 몸을 기댄 저 석불
> 열린 듯 다문 입술에 염화미소 벙글겠네.
>
> -유헌, 「용암사지에서」 전문

꼭꼭 숨은 그 용암사지를 가려면 고생을 좀 각오해야 한다. 가파른 산길을 올라야 한다. 영암읍 녹암마을 위쪽 대동제를 지나 '하늘 아래 첫 부처길'로 용암사지를 가거나 월출산 3봉인 구정봉을 먼저 찾아가야 한다. 구정봉 가는 길은 영암읍 천황사나 산성대 등산로, 도갑사 계곡과 성전면의 경포대 계곡 등산로가 있다. 비교적 쉬운 길은 경포대 계곡을 따라 오르는 코스이다.

    산행 중 우연히 동행이 된 보살님들, 새벽부터 채비하고 대구에서 오셨단다, 월출산 마애석불을 찾아가는 길이란다. 험한 벼랑 왜 찾아가느냐고 물었더니, 쑥물 든 바짓가랑이 낙엽 툭툭 털어내며, 석불이 곧 절이란다 맘속에 불(佛) 있단다.
                                       -유헌, 「마애불 가는 길」 전문

    경포대 계곡 등산로를 따라 2km 정도의 오르막 숲속을 걷다 보면 바람재 삼거리가 나온다. 비스듬히 누운 초승달처럼 휘어진 바람재는 천황봉과 구정봉을 잇는 잿등이다. 바람재에 올라서면 세찬 바람이 먼저 등산객을 맞는다. 바람이 장난이 아니다. 강풍에 몸을 가누기조차 힘들 정도니까 말이다. 회오리바람은 거칠어도 눈앞에 펼쳐진 풍경은 천하의 절경이다.

    갈필을 번쩍 들어 일필휘지 흘림체로, 이 봉과 저 봉 사이 그어놓은 외줄 하나, 훅 불면 날아갈 것 같은 잿등이 거기 있다. 먼 길을 건너온 어느 생(生)의 몸짓일까, 회오리 휘익 휘익 모서리를 쪼고 있다, 온전히 바람이 빚은 초승달이 거기 있다.

-유헌, 「바람재」 전문

바람재에서 잠시 숨을 고른 후 왼쪽 등산로를 따라 강파른 나무 계단을 오르니 능선길이다. 발아래 산봉우리들 사이 사이로 암봉들이 우뚝우뚝 솟아 있다. 내가 사는 강진달빛한옥마을도 먼산주름 너머로 가물가물 보인다. 우측을 슬쩍 쳐다보니 큰바위얼굴이 나를 굽어보고 있다. 가볍게 목례하고 길을 재촉한다.

바람재 삼거리에서 암릉을 따라 500여 미터를 올라가면 다시 삼거리, 곧바로 가면 도갑사 방향이고, 우측으로 꺾으면 구정봉 가는 길이다. 구정봉 능선에서 600여 미터 비탈길을 내려가야 마애여래좌상과 용암사지가 나온다.

구정봉에서 저 건너 천황봉 정상을 바라본다. 산 너머에서 금방이라도 둥근달이 떠오를 것 같다. 달이 뜨는 산 월출산. 월출산의 명칭은 삼국시대까지 거슬러 올라간다. 7세기 백제에서는 달나산(達拏山), 통일신라에서는 월나악(月奈岳)으로 불렸다. 달이 나오는 산을 뜻하는 순우리말 표기들이다. 그 후 고려시대엔 월생산(月生山)이 되었다가 조선시대부터 월출산(月出山)으로 정착해 오늘에 이르고 있다.

천황봉에 달이 뜬다 봉(峯)마다 만월 뜬다

구정봉에 달이 아홉 아흔아홉 암자터 달

천 개의 산봉우리가 일제히 등을 켠다.

찼다 이울다 수수 만 년 쌓인 달빛

그 은빛에 이끼 끼어 푸른 산맥 되었을까

천 개의 산봉우리에 천 개의 달이 뜬다.

-유헌, 「월출산의 달_월인천봉(月印千峯)」 전문

   조선 4대 왕 세종이 지은 월인천강지곡(月印千江之曲)의 월인천강(月印千江)을 월인천봉(月印千峯)으로 바꿔 월출산을 표현해봤다. 달이 천 개의 강에 비치는 노래가 국보 320호 월인천강지곡 아니던가. 천 개의 강에 달이 비치니 천 개의 달이 강마다 뜬 것이다.

   월인천봉, 월출산 천 개의 푸른 산봉우리에 천 개의 달이 일제히 떠오르는 모습을 상상해 보라. 이게 바로 국보가 아니고 무엇이겠는가. 오늘 밤에도 월출산 천황봉에는 휘영청 둥근달이 떠오를 것이다. 우리들 가슴마다 밝게 떠 빛날 것이다. 이 땅을 환하게 비출 것이다.

절과 절

얼마 전 정치권에 나돈 몇 장의 사진이 있었다. 일부 정치인들이 힘센 권력자들에게 90도로 허리를 굽혀 폴더 인사를 하는 장면이었다. 당연히 여러 얘기가 나왔다. 굴종을 의미하는 비굴한 행동이라는 말들이 떠돌았다.

폴더 인사가 무엇인가. 폴더 폰이 접히듯 완전히 90도로 허리를 굽혀서 하는 인사 아니던가. 그래서 뭔가 굽히고 들어간다는 저자세 느낌이 들어 부정적인 이미지가 강한 인사법으로 통하기도 한다.

결혼식장에서도 가끔 폴더 인사를 목격할 수가 있다. 신랑 신부가 맞절할 때 어쩌다 어느 한쪽이 과도하게 허리를 굽혀 절을 하는 경우 말이다. 두 사람이 비슷해야지 너무 각도 차이가 나면 하객들의 웃음이 빵, 터진다. 이럴 땐 그래도 애교로 봐준다.

이렇듯 때와 장소, 상황에 따라 같은 인사라도 달리 보일 때가 있다. 문화권이 다른 지역에 사는 사람 사이에서는 두말할 필요도 없다. 사람과 사람이 만나 주고받는 인사는 예의 이상의 의미를 넘어 문화적 이해와 존중의 첫걸음이고, 나라별로 우리가 이해하기 힘든 인사법도 있으므로 실수나 결례를 하지 않으려면 미리 알아두는 게 좋을 것 같다. 요즘 같은 글로벌시대엔 더욱 그렇다.

인사법 중 가장 일반적인 게 악수이다. 미국 등 여러 나라의 기본 인사법은 악수이다. 눈을 마주치며 가볍게 손을 잡고 인사를 하는 게 자연스럽다. 너무 손을 꽉 잡는다거나 과도하게 흔드는 건 자칫 실례가 될 수 있어 처음 만나는 사람과는 피해야 한다.

유럽의 인사 문화는 좀 더 다양하다. 프랑스에서는 친밀한 사이일 때 서로의 얼굴에 가볍게 입맞춤하는 비즈가 일반적이다. 영국은 비교적 형식적이며 신체접촉을 줄인다고 한다. 남부 유럽인들은 보다 적극적인 신체접촉이 허용되는 경향이 있다. 이탈리아, 스페인 같은 경우 역시 친한 사이에서는 포옹한다거나 뺨을 맞대는 경우가 자연스럽게 이뤄진다.

뉴질랜드 마오리족의 전통 인사법은 특별하다. 서로 코를 부드럽게 맞대는 홍이(hongi)라는 인사를 나눈다. 뉴질랜드를 국빈 방문한 문재인 대통령이 마오리족 공연자 대표와 홍이 인사를 하는 장면이 화제가 되기도 했다. 그만큼 특별한 인사법이라 할 수 있다. 어찌 보면 친근하고 달리 생각하면 참 부담스럽겠다는 생각이 들지만 그들의 문화이니 누가 가타부타할 일은 아닌 것 같다.

중동의 인사 문화와 예절은 종교적 배경과 밀접한 관련이 있다. 아랍어권과 이슬람의 가장 보편적인 인사법은 '당신에게 평화가 있기를' 앗살라무 알라이쿰이다. 줄여서 '살라암' 하기도 한다. 브라질이나 아르헨티나 같은 남미에서는 처음 만나는 사이에서도 가벼운 포옹이나 뺨을 맞대는 게 자연스럽게 이루어진다.

아프리카 대륙은 부족과 지역에 따라 인사법이 다양하다. 아프리카 문화권에서는 인사가 관심과 존중을 표현하는 대화의 과정이라고 여긴다. 케냐에서는 가족의 안부뿐만 아니라 가축의 안부까지 묻는다니 정감이 있어 보인다. 일부 서아프리카 지역은 연장자에 대한 존중의 표시로 몸을 낮추거나 무릎을 꿇는 인사법도 있다니 참 예의가 바른 민족이란 생각이 든다.

우리나라에서는 가까운 사람을 길거리 등에서 만나면 빙그레 웃음부터 띠며, 오랜만이다, 식사했냐, 별일 없냐 등으로 대화하듯 안부를 묻는 경우가 많다. 손윗사람에게는 허리 굽혀 고개를 숙이며, 역시 대화하듯 안녕하십니까, 어디 가십니까, 바쁘시지요, 등으로 역시 친근감을 표시한다. 윗사람에게는 존중의 의미가 더해진다.

중국과 일본 등 동아시아 문화권에서도 인사는 단순한 예의를 넘어 상대방에 대한 존중과 자신의 겸손함을 표하는 행위라 할 수 있다. 고개를 숙여 인사하는 것이 기본이며, 상황과 상대에 따라 인사의 각도가 달라진다.

특히 가까운 일본의 경우는 조금 복잡하다. 기본적인 인사는 15도 정도의 가벼운 목례인 에샤쿠, 정중한 인사는 30도인 케이레이, 가장 공손한 사이케이레이는 45도까지 고개를 숙인다고 한다. 이때 손의 위치, 시선 처리가 중요하다.

중국인들은 우리나 일본과는 달리 머리를 숙여 인사를 하지 않는다. 문화 대혁명 이후 봉건제의 잔재로 여겨 현재는 거의 하지 않는다고 한다. 대신 가슴 높이에서 한 손으로 다른 한 손을 감싼 채 가볍게 흔드는 꽁쇼우(拱手) 인사를 한다. 이 인사는, 감사합니다, 오랜만입니다 등의 여러 의미를 갖고 있다.

동양권의 인사말 중에는 우리에게 잘 알려진 나마스떼(Namaste)가 있다. 태국에는 와이(wai)라는 전통 인사법이 있다. 나마스떼는 인도와 네팔에서, 와이는 상호 존중의 의미가 있는 태국의 인사법이다. 두 인사말 모두 양 손바닥을 붙이고 가볍게 고개를 숙이는 공통점이 있다. 손바닥을 맞대고 가슴 앞에 모으는 동작은 흩어져 있는 마음을 하나로 모아 집중하게 해주는 인사법이라 하겠다.

나마스떼는 TV 여행 프로그램 등에서 자주 볼 수 있어 우리에게 익숙한 인사법이다. 처음엔 의례적인 인사말 정도로 생각했는데, 산스크리트어로 '당신의 신에 경의를 표합니다'라는 뜻이 있다는 사실을 알고 나니 신성하다는 느낌까지 들었다. 참 따뜻하고 다정한 인사말이다.

나마스떼에 대한 일화도 유명하다. 인도의 거리에서 두 손을 모아 인사하는 맨발의 간디를 아인슈타인이 TV 뉴스를 통해 보고, 간디에게 편지를 써 그 의미를 물었다고 한다. 얼마

뒤에 아인슈타인은 간디로부터 답장을 받는다.

"나는 온 우주가 거하는 당신 내면의 장소에 절합니다. 빛과 사랑, 진리와 평화, 그리고 지혜가 깃든 당신 내면의 장소에 경의를 표합니다. 이것이 나마스떼입니다." 이건 정말 상대에 대한 존중과 사랑의 정신 그 자체였다. 성스럽고 위대하게까지 느껴졌다.

간디의 설명처럼 나마스떼에는 세 가지의 의미가 담겨 있다고 한다. 나와 당신이 하나로 연결되어 있고, 당신을 있는 그대로 존경하고, 당신의 존재에 감사와 경외심을 표한다는 것이 그것이다. 하나의 우주 속에서 우리 모두가 서로 연결되어 있다는 것이다.

우리 한국인이 많이 찾는 태국인의 인사법도 네팔이나 인도와 크게 다르지는 않은 것 같다. 양손을 합장한 채 가볍게 고개를 숙여 인사를 하니 어찌 보면 흔히 볼 수 있는 일반적인 인사법의 손동작처럼 보이지만 여기에 세심한 문화적 코드가 내포돼 있었다.

양손을 모은 채 손바닥을 붙이고 그 손끝을 코와 입, 이마 등에 그냥 갖다 대는 것 같지만 나이와 지위, 관계 등에 따라 고개를 숙이는 각도와 손의 위치가 달라진다니 상대를 존중하고 배려하는 그들의 속 깊은 마음에 고개가 절로 숙여진다.

태국인들은 신체 중에서 특히 손을 가장 정결하고 고귀하다고 여겨 손을 모은 채 예를 표하는 걸 상대에 대한 최고의 예우로 친다고 한다. 또 불상이나 승려를 대할 때 가장 경건한 와이로 인사를 한다고 하니 역시 불교국가답다.

　우리나라에서도 사찰의 예배(禮拜)는 좀 더 특별하다. 공경의 의미가 강하다. 경건하기까지 하다. 그래서일까. 불교에서는 인사라고 하지 않고 명칭부터 절이라고 한다. 몸을 굽혀 가장 낮은 자세로 부처님과 스님에게 예를 표한다.

　　절에 가서 절을 했네 나절을 절을 했네
　　절이 곧 절이요 절도 곧 절인 것을
　　절 낮춰 절절히 절하니 절도 따라 절 낮추네

　　　　　　　　　　　　　-유헌, 「절」 전문

　절에 가서 나절 동안 절을 했다면 3천 배 정도 했을까. 사람에 따라 차이가 있겠지만 108배 하는 데는 20분에서 30분 정도가 걸리고, 3천 배는 10시간 전후가 소요되는 것 같다. 무슨 사연이 그리 깊어 그토록 몸을 낮춰 간절하게 절을 하고 또 했을까.

　이처럼 불교의 예배법은 상황과 처지에 따라 조금씩 차이가 있다. 기본은 두 손바닥을 모은 합장(合掌)이라 할 수 있다. 신도나 스님을 만났을 땐 가볍게 합장을 한다. 법회 등에서는 스님께 삼배(三拜)를 올려 법(法)을 청하고, 법당에서는 부처님께 지극한 마음과 정성으로 역시 삼배를 드린다.

　삼배는 오직 부처님을 공경하고, 부처님의 가르침을 공경하고, 거룩한 스님을 공경한다는 뜻으로 올리는 절이다. 삼보에

귀의해 욕심과 분노, 어리석음 등 삼독심(三毒心)을 끊겠다는 다짐이 삼배인 것이다.

53배는 참회 53불(佛)에 대한 경배이며, 108배는 108번뇌의 소멸이고, 1천 배는 지금 우리가 사는 현겁(賢劫)의 1천 부처님께 절을 올리는 것이며, 3천 배는 과거, 현재, 미래의 3대겁에 출현하는 3천 부처님께 1배씩의 절을 올리는 예법이다. 이처럼 불교에서는 형식과 절차는 물론 스스로 먼저 내려놓는 하심(下心)이 기본이다.

절은 상대를 공경하고 자신을 낮추는 일이다. 낮춘다는 건 겸손이다. 내가 겸손한 마음으로 상대를 높일 때 상대도 나를 존중해 줄 것이다. 대접을 받고 싶거든 먼저 베풀고 대접하라는 말도 있지 않던가. 저 잘난 멋에 산다는 사람들이여, 잠시 마음을 내려놓고 하심(下心)의 깊은 의미를 새겨 보시라. 물론 나를 포함해서.

제6부

오래된 시간 속으로

여기 싣는 세 편의 글은 내가 방송사 재직 시 제작한 라디오와 TV 다큐멘터리(연출 유헌 PD)들이다. '다순구미 사람들'은 1996년, '부용산 오리길에'는 1999년, '다시 부르는 노래 가거도'는 2000년 새천년 특집 다큐이니 벌써 사반세기도 지난 일이다.

방송전파는 공중에서 곧 사라지나 글은 지면에서 오래도록 독자와 만난다. 그 사라진 전파를 글로 옮겨 여기 싣는다. 반세기 전 노래 '부용산'의 내력을 추적한 특집 다큐멘터리 「부용산 오리길에」, 목포 온금동 사람들의 애환과 민속, 무속 등을 담은 「다순구미 사람들」, 국토 최서남단 소흑산도 어민들의 삶과 민속을 채록한 특집 「다시 부르는 노래, 가거도」를 수필로 재구성하였다.

다큐멘터리 내용 중 영상 및 출연자들의 인터뷰, 배경음악, 효과음, 재현극, 주민들이 노래한 여러 민속음악 등 없이 글로 옮겨 다소 부자연스럽고 밋밋할 수 있으나 한 시대를 관통한 작은 역사라고 판단해 글로 남긴다.

「부용산 오리길에」는 제21회 MBC 다큐멘터리 경연대회 대상인 금상과 제26회 한국방송대상 다큐멘터리 부문 우수 작품상 수상작이며, 「다순구미 사람들」은 제18회 MBC 다큐멘터리 경연대회 동상 수상작이다.

부용산 오리길에

  (다큐멘터리 제작 과정에서 인터뷰이로 만났던 '부용산'의 작사자 시인 박기동(2004년), 작곡가 안성현(2006년), 극작가 차범석(2006년), 연극인 김성옥(2022년) 선생은 물론 향토사학자 이생연 선생 등 많은 출연자들이 세상을 떠났다.
  또 '부용산' 제작 과정에서 작곡가 안성현의 행방 추적 중 무용가 최승희의 남편 안막의 조카라는 설에 따라 죽산 안씨 대종회 확인 결과 족보 그 어디에도 나타나 있지 않았다고 방송했는데, 그 후 여러 경로를 통해 다시 확인한 바에 따르면, 안막은 경기도 안성이 고향이고, 안성현 선생은 전남 나주 남평 출신의 순흥 안 씨였다. 현재 나주 남평 드들강변에 안성현의 '엄마야 누나야' 노래비가 있다.)

  1948년 가을, 찬바람 이는 전라도 땅 목포에 서러운 사연을 안고 젊은이들의 가슴을 저미듯이 울린 아름다운 노래가 있었다. 애절한 가사와 조용히 파고드는 선율로 인간에 대한 연민과 사라진 것들에 대한 애달픔을 노래한 부용산! 그 부용산은 곧 남도땅 곳곳에 들불처럼 번져갔다. 그리고 51년이라는 긴 세월이 흘렀다.

"그때 당시는 여학생들 집에 찾아가서 담 너머에서 여학생들에게 부르는 노래가 흔히 우리 얘기로 창문을 열어다오 내 그리운 마리아 하듯이 이 부용산을 부르는 것이 상당한 유행처럼 돼 있었고 사랑하는 연인들끼리 만나면 부용산을 아느냐…"(연극인 김성옥)

해방 직후 사춘기 남녀 학생들에게 그리움 같은 향수로 남아 있는 노래가 있었다. 누구에게 배웠는지도 모르고 그저 입에서 입으로 전해 내려와 전설처럼 남아 있는 노래 부용산, 부용산이 아름다운 선율이 되어 세상에 태어날 당시는 정부 수립 직후의 삭막하고 거친 시대였다. 마음 붙일 곳이 없던 암담한 시절, 메마른 가슴을 적셔줄 감성적이고 서정적인 분위기를 많은 사람들이 갈구하던 시절이었다. 그때 부용산이 애절한 사연을 안고 젊은이들의 가슴에 연인처럼 다가왔으니… 부용산은 그렇게 세상에 나왔다. 그리고 엄청난 속도로 가슴과 가슴을 파고들며 퍼져나갔다.

그러나 민족의 비극 6·25를 겪으면서 부용산은 사람들의 기억 속에서 서서히 사라져 간다. 목포 출신 극작가 차범석 한국문화예술진흥원장은, "6·25 때 어느 날 자연스럽게 자취를 감췄는데 거기 대해서 금지곡이다, 어쩐다 이러는데 그것은 사실과 다르고 작곡가 안성현 씨가 6·25 전쟁 때 이북으로 넘어갔다는 그런 얘기가 알려지면서 자연스럽게 안 불렀습니다. 우리 정서죠. 좌익계열에 있었던 사람의 작품을 계속 불러도 좋다고 우길 사람도 없었고, 누가 부르지 말자고 말리지도 않았고 자연히 서로 눈치만 보던 가운데 학생들이나 시민들 기억에서 사라져 버렸지요."

그렇다. 누가 강요하지도 않았는데 당시의 시대 상황, 사회 분위기는 부용산을 우리들의 가슴에서 밀어내고 말았다. 그러나 결코 사라지지는 않았다. 비록 전쟁의 아픔으로 악보는 없어졌지만 가슴속 깊이 간직된 부용산은 입에서 입으로 조용히 구전되면서 민중들의 마음속 깊이까지 파고든 것이다.

광주광역시 운림동. 이곳에서 전통찻집을 운영하는 김명숙 씨! 부용산 노래를 잘 부르기로 소문이 나 있다. 그녀는 이 노래를 18년 전쯤 벌교에 고향을 둔 사람들로부터 처음 배웠다고 했다. "제가 부르면서 가사라든가 적어서 처음 부른 분들에게 확인을 해봤거든요. 가사는 맞고 멜로디라든가 이런 것은 어떤 부분을 온음으로 불렀더니 그 당시 활동하셨던 분들은 반음 처리해 부르면서 그 부분이 약간 틀리다 이렇게 얘기하시더라구요. 예를 들자면 ~이런 부분인데 제가 쭈욱 불러왔기 때문에 그 부분을 잘 소화하지 못하겠어요."

최근 몇몇 가수들도 작자 미상의 구전 가요로 '부용산'을 노래하고 있다. 그렇지만 곡은 물론 가사도 상당 부분 원곡과 차이가 있다. 그나마 1절만을 노래하고 있을 뿐이다. 작곡집은 한국전쟁으로 불에 타 없어지고 작곡가는 북으로 가버렸다는 소문만 들려오고…. 이렇게 해서 부용산은 숱한 억측과 논란 속에 전설처럼 남도인들의 가슴속에 희미한 기억으로 자리하게 된 것이다. 도대체 부용산에는 어떤 얘기가 숨어 있길래 그토록 사람들의 심금을 울리며 질긴 세월을 살아남았을까. 이제 그 한 많고 사연 깊은 부용산의 내력을 추적해 보자.

당시 목포 앞바다 자그만 섬 고하도에서 배를 타고 목포로 통학했다는 탤런트 임동진 씨!. "부용산의 작사자는 어느 여학생이라고 전해 들었어요. 그리고 작곡가는 항도여중 음악 선생이라고 들었습니다. 바로 그 여학생은 조그만 선술집을 경영하는 아주 드라마틱했습니다. 선술집을 경영하는 어느 아주머니의 딸로서 엄마가 술장사한다는 거에 늘 아픔을 갖고 친구들 앞에 나서지를 못하는 스스로 왕따를 만들었던 여학생이었답니다. 골방에 혼자 앉아서 울고 가정환경에 불만을 갖고 마음 아파하고 그러던 여학생이 결국은 폐결핵에 걸려 죽어갈 무렵에 쓴 시가 부용산이라고 저는 그렇게 배웠습니다. 그리고 어느 날 죽은 이후에 친구들이 일기장을 보니까 그 여학생은 음악 선생을 무척이나 사모했노라고 흠모했노라고 그래서 그 음악 선생이 그 내용의 시를 가지고 작곡을 한 것이 부용산이다."

음악 선생님을 흠모한 선술집 딸이 노랫말을 지었다. 선생님이 사랑하는 제자의 죽음을 애도해 글을 썼다더라, 작곡자가 제자와 함께 월북했다는 소문을 들었다…. 이처럼 부용산은 전설처럼 꼬리에 꼬리를 물고 50년 세월로 이어졌다.

당시 목포상고 악대부원으로 활동하면서 부용산을 즐겨 불렀다는 문남진 씨, "나는 작사자를 조희관 선생으로 알았어요. 그 양반이 문학가라서 작사는 그 양반이 하신 것으로 알고 있었고… 이제까지 나는 그렇게 알고 있었습니다."

부용산에 얽힌 논란도 많다. 목포의 부주산이 부용산으로 잘못 불리고 있다. 아니 노래의 배경이 된 산은 목포의 부흥산일 것이다. 이런 얘기는 수많은 사람들의 입과 입을 통해 각색되고 과장되며 궁금증을 더해갔다.

전남 장흥군 용산면에 부용산의 전설을 간직한 산이 실재한다는 얘기도 있었다. 소문의 진원지를 추적 또 추적 끝에 만난 윤한봉 씨! 5.18 광주민중항쟁의 마지막 수배자로 널리 알려진 윤한봉 씨는 과거의 쓰라린 기억 때문인지 사람 만나기를 망설였다. "10대 말인가. 내가 군에 있을 때 대전에 가니까 대전 병참학교 뒤에 부용산이 있더라고요. 이상하다. 여기냐. 나

중에 알고 봤더니 부용산이라는 산 이름이 많더라고요. 우리 고향에도 용산하고 사이에 609미터짜리 부용산이 있는데, 그래서 그것이 어디서 나왔는지 모르니까 목포 쪽에서 나왔다는 얘기는 들었는데 산은 없고… 고향 청년들한테 요즘 자기 지역 관광자원 개발하려고 혈안들이 돼 있는데 부용산 그 노래를 얘기하면서 지금 어느 지역이 딱히 우리 것이라고 주장하는 지역이 없다, 억지로라도 스토리를 만들어 가지고…."

이처럼 부용산은 사람들의 관심 속에 신비로움을 더해갔다. 50년 세월, 반세기가 지난 그때의 기억을 되살려줄 사람은 없는가. 소문처럼 정말 실제 주인공을 대상으로 노래가 만들어졌단 말인가. 그러면 그 노래 속의 주인공은 누구인가.

51년 전 목포중학교 2학년생이었던 김창식 씨!. "그때 저도 그곳에 갔는데요. 어렸을 때라 그때 목포상고 악대도 그곳에 갔구요. 항도여중엔 악대가 없었구요. 상고 악대가 가서 연주해 주고 악대가 연주한 것은 알아요. 내가 간 것과 거기 묘에서 목상 악대가 장송곡 연주한 것은 기억이 나요."

부용산 속 실제 주인공 중의 한 사람으로 알려져 있는 김정희의 바로 밑 남동생이다. 당시 장례 행렬이 걸어서 갔고 장지가 무안 일로 어딘데 주변에 묘가 많았고, 그는 희미한 기억을 더듬고 있었다. 뭔가 서서히 안개가 걷혀가는 느낌이었다.

많은 사람들은 부용산이 단순히 지어진 노래가 아니고 실제로 존재한 주인공을 배경으로 만들어진 노래라는 확신 속에 김정희의 무덤이 어딘가에 있을 거라고 늘 입버릇처럼 얘기했으리라. 김창식 씨의 기억이 정확하다면 김정희의 묘는 목포 인근 어딘가에 있다. 악대가 걸어서 갔으면 목포 시내에서 그리 멀지 않은 곳일 수도 있다.

향토사학자 이생연 선생은, "48년 당시 목포에는 시내 쪽에 공동묘지가 두 곳 더 있었는데 그곳은 이미 포화상태였고 행정구역상 무안도 아니었습니다. 김정희 학생이 묻혔을 것으로 추정되는 상리 공동묘지는 62년에 무안 일로에서 목포시로 편입됐습니다."

그렇다. 향토사학자 이생연 선생의 증언에 따르면 목포 입구 지금의 상리 공동묘지가 바로 김정희가 묻혀 있는 곳이리라. 그러나 그곳은 지난 1972년 공단이 들어섰고 그곳의 묘들은 다시 옥암동 공동묘지로 옮겨갔으며 그 과정에서 무연고 묘지로 처리돼 이제는 흔적조차 찾을 수 없게 됐으니… 51년 전 가을, 꿈 많던 천재 소녀 김정희는 이처럼 우리에게 쓸쓸함으로 다가왔다.

부용산이 우리에게 구체적으로 다가오기 시작한 것은 지난 1993년. 작곡집이 세상에 나오면서부터다. 숨죽여 부르다 부르다 조용히 묻혀버린 부용산이 다시 세인들의 관심을 끌게 된 것이다. 작사 박기동! 작곡 안성현! 바로 51년 전 목포항도여중 국어와 음악 선생님이다.

당시 항도여중 3학년에 재직 중이었다는 경기대학교 대학원의 김효자 교수는, "1993년이라고 기억되는데요. 제가 조희관 교장선생님을 기리는 소청문학상을 받게 돼서 목포에 내려간 적이 있었습니다. 시상식이 끝나고 나서 가까운 몇 분들이 목포항구의 어느 횟집에 모여서 뒤풀이하게 되었는데 그 자리에 여흥으로 여러 노래를 부를 때에 조희관 선생이 작사하신 노래도 많이 부르고 또 부용산 노래를 불렀습니다. 이상하게도 그 자리에 모인 사람들은 부용산을 모르는 사람들이 없을 만큼 모두 알고 있어서 흥겹게 합창을 했는데 그 자리에서 동국대에서 철학을 강의하시는 정종 선생님께서 안성현 선생 작곡집을 가지고 계신다며 저에게 내주시며 앞으로 책을 잘 보관했다가 기회 있으면 펼 수 있게 해달라는 당부와 함께 제게 건네주셨습니다." 이렇게 해서 부용산의 실체가 일반인들에게 조금씩 다시 모습을 드러냈다.

김효자 교수는 51년 전의 작사자 박기동 선생을 이렇게 회고한다. "박기동 선생님이 우리 학교에 부임해 오신 것은 중학교 3학년 때였습니다. 그런데 우리는 그분을 시인이라고 불렀습니다. 걸음걸이도 아주 여성스럽고 물을 웅덩이로 안 건너고 돌아오는 얌전한 분인데, 우리에게 시를 가르칠 때는 어떻게 조그만 몸에서 열정이 솟아오르는지 흥분해서 시를 읊어주시고 감상하시고 하셨는데 김소월이라는 시인의 존재를 알려주신 분도 그분이었고 우리는 그이가 시를 쓰는지도 몰랐지만 시인이라고 불렀습니다."

목포항도여중에 부임하기 전 전남 벌교 남초등학교에 재직하면서 벌교 북초등학교와 상업중학교 교가까지 작사했다는 박기동 선생! 1947년 가을, 박기동은 사랑하는 여동생 박영애의 죽음과 만나게 된다. 24살 젊은 나이에 폐결핵으로 세상을 뜬 것이다. 그때의 그 감정이 시가 되어 부용산으로 부활할 줄이야.

박영애가 묻혀 있는 전남 벌교읍 부용산! 부용산으로 오르는 초입은 잘 포장돼 있었다. 월곡리 마을 끝에서 신록이 우거진 깊은 계곡을 왼쪽에 끼고 10여 분 오르니 용연사라는 자그만 사찰이 나온다.

다시 용연사에서 솔밭 사이로 난 등산로를 따라 10여 분 오르니 벌교 읍내가 눈 안에 들어오기 시작한다. 등산로 오른쪽엔 솔밭이 이어지고 왼쪽으로는 맹감나무며 키 작은 도토리나무가 자라고 있어 한결 시원한 바람이 불어온다.

부용산은 해발 195미터의 그리 높지 않은 산으로 벌교 사람들에겐 어머니 같은 산이다. 등산로를 따라 M1 고지가 있는 정상으로 향하다 보니 잡풀이 수북이 자란 공동묘지가 보인다. 한국전쟁 이후 조성된 공동묘지이다. 박기동 시인의 누이동생 박영애의 묘는 부용산 정상으로 향하는 길목 5부 능선 중턱에 자리하고 있다.

눈 아래로는 그녀가 신혼의 단꿈을 꾸었던 벌교 읍내가 보이고 꿈 많은 어린 시절을 보냈던 고향 '여자만'도 그리움처럼 잡힐 듯이 다가온다. 그녀가 세상 뜬 지 어느덧 52년, 묘 주위엔 여전히 솔바람이 스치고 세월의 흐름만큼이나 쓸쓸함이 감돈다.

그리고 1년 후 박기동은 목포항도여중 조희관 교장의 부름을 받고 항도 목포에서의 생활을 시작한다. 그곳에 김정희가 있었다. 천재 소녀 김정희와 박기동은 이렇게 운명처럼 만났다. 해방 전 목포에서 유일하게 경성사범에 합격해 서울 생활을 시작했던 김정희. 그녀는 해방과 함께 목포항도여중에 다시 입학한다. 당시 조희관 교장이 천재 소녀 김정희를 가르칠 만한 사람이 없어 박기동 선생을 특별 초빙했다고 얘기할 정도였다.

부용산이 탄생하게 된 배경에는 당시 항도여중 조희관 교장의 교육철학도 한몫을 했다. 교지 '새싹'을 통한 문학과 음악활동이 활발했으며 학생들 두 사람이 모이면 시를 읊고 세 사람이 모이면 노래를 부를 정도로 학교 분위기가 활기에 차 있었던 것으로 전해지고 있다.

항도여중 같은 반 단짝 친구였던 임성순 씨는 지금도 김정희를 아쉬움으로 추억하고 있다. "저희들이 가끔 유달산에 올라갔지요. 그래서 내려다보이는 고하도와 삼학도들을 보며 감상에 젖기도 했는데, 고하도에 옛날에는 불우한 소년들을 감화시켜서 다시 푸른 꿈을 안고 사회로 돌아갈 수 있도록 하는 감화원이라는 시설이 있다는 것을 어떻게 정희가 알고 거기서 영감을 얻었는지 「감화원 설계」라는 글을 썼습니다. 전국 글짓기대회에서 대상을 받게 됐어요. 그 나이에 어른들도 구상하기 힘들 뛰어난 글을 썼다는 게, 아름다운 감화원을 표현했다는 게 지금 생각해도 감동을 줍니다."

천재 소녀 김정희는 그러나 3학년이 되면서 감화원의 푸른 꿈을 펼쳐보기도 전에 시름시름 앓기 시작한다. 결석이 잦아지고 성적도 크게 떨어졌다. 목포여고에 지금도 김정희의 학적부가 그대로 남아 있다. 1931년 10월 1일생. 1948년 10월 10일 사망 제적처리!

폐결핵으로 천재 소녀는 조용히 세상을 떴다. 학교가 울고,

목포가 울고, 세상이 함께 울었다. 단순한 소녀의 죽음이 아니었다. 목포상고 밴드부가 공동묘지 한켠에 마련된 김정희의 묘 앞에서 장송곡을 연주했다. 그리고 어느 날 문득 김정희는 아름다운 선율의 '부용산'이 돼 우리 곁으로 다가왔다.

박기동 시인이 동생 박영애를 위해 시를 지었고 또 아끼던 제자 김정희의 죽음을 슬퍼하며 안성현은 곡을 붙였다. 박기동 시인은 김정희의 죽음을 애도해 가사까지 바꿨다고 증언한다. "김정희 학생이 폐결핵으로 세상을 떠나니까 천재적인 소녀이기 때문에 학교에 모르는 학생이 없을 정도로 전교생이 다 알고 그 아까운 학생이 세상을 떠나니까 전교생이 다 울었지. 장례식에서 돌아온 뒤에 얼마 안 있어서 안성현 선생이 작곡을 했어요. 내가 생각할 때 작곡을 하는 과정에서 '피어나지 못한 채 병든 장미는 시들어지고' 그 대목이 딴말로 처음엔 돼 있었는데 그걸 어떻게 손질해 가지고 '피어나지 못한 채 병든 장미는 시들어지고' 그렇게 고친 걸로 기억합니다. 왜냐하면 천사 같은 내 누이동생도 세상을 떠났고, 천재 소녀 김정희도 일찍 세상을 떠났고…."

그 후 이 슬픈 노래는 김정희의 1년 선배 배금순의 입을 통해 항도여중에 퍼졌고 목포로, 해남으로 그리고 벌교 사람들의 애창곡이 됐다.

부용산이 널리 불린 배경에 대해 극작가 차범석 선생은, "부용산이라는 노래가 그 당시 여학생들에게 널리 불린 데는 여러 가지 면에서 검토할 수 있는데 하나는 시대상이죠. 아시다시피 해방돼서 얼마 안 된 상태였기 때문에 그 당시는 여학생이나 남학생도 그렇지만 부를만한 노래들이 없었어요. 있다면은 군가 아니면 유행가 이렇게 돼서 대단히 삭막한 시절이었죠. 그런 시절에 더더구나 여학생들이 유행가를 부를 수 있는 것도 아니고 이런 상황에서 이 부용산이라는 노래가 세상에 나타났는데 그 노래를 볼 것 같으면 가사가 아주 쉬우면서도 서정적이고 또 곡도 아주 쉬우면서도 우리가 아는 가곡이라는 그런 틀이 아닌 쉽게 따라 부를 수 있다는 점 이런 것이 일단은 널리 애창된 요인이 되지 않았겠는가. 가사를 볼 것 같으면 일종의 죽음에 관한 얘기거든요. 죽음이라는 것은 여학생들이 대단히 심각하다면 심각하면서도 환상적인 상상의 세계, 뭔가 신비롭고 그러면서도 어딘가 다소 허무감, 이런 내용이 여학생들의 마음을 흔들어 놓았지 않았겠는가 이런 생각을 해봅니다. 이 노래는 그 당시 목포 쪽에서 항도여중 목포여중 여학생들이 부르다 보니까 그 또래 남학생들도 따라 부르게 되고 어른들도 부르게 되고 해서 번져 나간 셈이죠."

그러나 한국전쟁이 터지고 작곡가 안성현이 월북을 하면서 부용산은 다시 조용히 숨죽여 부르는 노래가 됐다. 빨치산이 불러 금지곡이 됐다는 얘기도 있었다. 많은 사람들은 빨치산들이 비트 안에서 고향의 부모·형제를 생각하며 숨죽여 부용산을 불렀다고 말한다.

당시 목포상고 밴드부원으로 활동했기 때문에 광양 백운산으로 들어간 음악가협회 회원들을 잘 알고 있다는 문남진 씨! 그는 아무런 사상적 배경도 없이 휩쓸려간 그들이 고향의 부모·형제를 그리며 부용산을 불렀고 그 후 빨치산들이 이 노래를 즐겨 부르게 됐다고 담담하게 증언하고 있다. "국군이 진주하면서 여기서 용공 활동을 했던 음악가 동맹 회원들이 부용산 노래를 알고 있었던 사람들이 많았습니다. 그런데 이분들이 후퇴해서 아마도 광양 백운산까지 가서 비트에서 고향을 그리면서 달빛 아래서 몇 사람씩 모여서 가만히 불렀던 것으로 생각합니다. 아마도 부용산~ 아마도 하늘을 보면서 그 노래에 감명받고 여러 사람이 애창했을 것이라는 생각이 듭니다."

목포 출신 연극인 김성옥 선생도, "그분들이 산에 앉아서 이렇게 생각을 하면은 고향의 부모님 처자식 얼마나 그리웠겠습니까. 자연스럽게 이분들이 부용산을 불렀고 이분들이 불렀다는 의미보다는 이 사람들이 흘렸던 눈물의 양을 생각해 보는 것이 오히려 더 의미가 있다고 생각하고 있습니다."

그러나 부용산을 좋아하는 많은 사람들은 이 노래가 갖는 서정성에 끌려 지금까지도 많이 애창하고 있지 않을까. 광주광역시 운림동의 김명숙 씨! "빨치산 그런 쪽 하고 연관돼 있고 운동권 쪽에서 노래를 부르니까 그게 무슨 금지곡이었다. 그런 식의 얘기를 하는데 저는 전혀 그런 쪽과 상관없이 가사라든지 멜로디가 주는 서정성 때문에 좋아합니다. 그리고 자주 부르고요."

부용산은 금지곡이 아니었다. 영상물등급위원회가 1987년 이후 발표한 해금 가요명단 그 어디에도 부용산은 들어 있지 않다. 6·25를 전후해 목포에서 경찰관 생활을 했던 사람 누구도 부용산을 금지시켰다고 기억하고 있지 않다. 그런데도 부용산은 금지곡 아닌 금지곡이 됐고 소리죽여 민중들의 가슴을 대변한 노래로 변해갔다.

70년대 후반 운동권 출신 여학생들의 모임인 송백회 멤버로 활약했던 김은경 씨, 전북 익산에서 목회자의 길을 걷고 있는 그녀는, "부용산 오리길에 하늘만 푸르러 푸르러 이렇게 시작이 되거든요. 그런데 그 시절이 굉장히 암울한 시절이었기 때문에 이 노래의 서정성이나 전체적인 그런 것도 마음에 들었지만 그 하늘만 푸르러 푸르러하는 가사가 우리의 마음을 울리는 부분이었어요. 그런데 거기를 한쪽에서는 잔디만, 잔디가 푸르러라 그렇게 얘기하는 사람들도 있었거든요. 그런데 거기에 대해서 하늘이 푸르다 왜냐하면 당시 옆에서 황석영 선생도 그것이 확실히 맞다고 얘기를 해 주셨거든요. 문병란 선생님 시에도 저 미치게 푸른 하늘이라는 그런 표현들이 있거든요. 그때 우리 상황에 절제된 게 슬픔이 극대비되는 그런 푸르른 하늘에 대한 것들이 우리 마음에 와닿았기 때문에 그 노래를 좋아했고 전체적으로 애창하게 된 것이 아닌가 하는 생각이 들어요."

이처럼 부용산은 오랜 세월 구전돼 오면서 자신들의 처지대로 편리하게 불려왔다. 가사가 바뀌고 곡이 변하면서 50년 세월 동안 끊어질 듯 이어져 오늘에 이르고 있다.

부용산의 선율적 특징에 대해 목포대학교 음악대학 이건실 교수는, "부용산은 순수한 고전음악에 가곡형식인데 지금으로 보면 아마 가요적인 성격이 더 강하다고 볼 수가 있겠습니다. 한 예를 들면 여기 악보를 처음으로 접하게 되는데, 마지막에 푸르러 푸르러, 상여 나가는 부분을 연상하면서 작곡했다고 하는데 저희가 구전돼서 부를 때와는 이런 부분이 조금씩 차이가 있습니다. 따지고 보면 가사와 선율과의 부합되는 관계에서 결과적으로는 민중들이 오랜 세월을 두고 구전되고 내려오면서 어느 일치된 사항으로 서서히 변화해 가지 않았겠나 하는 생각이 듭니다."

1999년 4월, 세계 3대 미항의 하나로 알려진 오스트레일리아 시드니, 작사자 박기동 시인이 정착해 사는 시드니를 찾았다. 시드니는 이미 초가을로 접어들고 있었다. 거리엔 이른 낙엽이 뒹굴고 오가는 행인들의 옷차림도 제법 두툼해 있었다. 시드니의 한인촌 캠시에서 기차로 1시간 거리에 위치한 자그만 도시 리버우드에 5년 전 정착해 홀로 사는 80대 할아버지 박기동, 그러나 그는 80대 노인이 아니었다. 허리도 꼿꼿하고 카랑카랑한 목소리는 여느 젊은이 못지않았다.

16살 때 돈 30전을 훔쳐 신의주로 도망쳤고 만주의 중국집에서 심부름하면서도 미래에 대한 꿈을 키워갔던 소년 박기동, 만주 땅 그곳에서 걸어 고향 여수까지 가겠다며 몇 푼 중국돈을 압록강에 버리고 돌아온 옹골찬 소년 박기동, 늘 연약한 것처럼 보이고 항상 꿈을 꾸고 있는 소년 같은 이미지를 간직했던 청년 박기동, 이제 박기동은 80 노인이 돼 멀리 이국땅에서 부용산을 추억하며 살고 있다. 박기동 시인에게 직접 노래를 부탁했다. "난 본래 노래가 서툰 사람인데….

   부용산 오리 길에 잔디만 푸르러 푸르러
   솔밭 사이 사이로 회오리 바람 타고
   간다는 말 한마디 없이 너는 가고 말았구나
   피어나지 못한 채 병든 장미는 시들어지고
   부용산 봉우리에 하늘만 푸르러 푸르러

그 긴 세월 동안 부용산은 미완성의 노래로 우리와 만났다. 1절만을 간직한 채 지은이의 인생 역정처럼 외롭게 50년 세월을 버텨 온 것이다. 그런데 그 외로운 부용산에 짝이 생겼다. 1절 작사 이후 실로 52년 만에 2절이 탄생한 것이다. 박기동 시인의 얘기는 계속된다. "내 개인적인 얘기지만 내가 이역만리 혼자 와 있고 과거의 추억을 되살려보면 아름다운 것들이, 아름답고 향기로운 것들이 제구실을 못하고 빨리 모두 사라져간다는 생각을 해왔기 때문에 그런 느낌을 2절에 내 나름대로 표현하려고 했는데, 마지막 부분에 가서 '돌아서지 못한 채 나 외로이 예 서 있으니' 그 대목에 가서는 왠지 모르게 내가 혼자 책상에 엎드려서 한 30분 흐느껴 울었어요. 그건 인생무상에 대한 감회, 또 이역만리에서 내가 혼자 외롭게 산다는 게 겹쳐서… 나는 좀처럼 눈물을 흘리는 사람이 아니여. 속으로만 울지 눈물을 흘린 건 아마 80 평생에 두 번밖에 없었어."

그리움 강이 되어 내 가슴 맴돌아 흐르고
재를 넘는 석양은 저만치 홀로 섰네
백합일시 그 향기롭던 너의 꿈은 간데없고
돌아서지 못한 채 나 외로이 예 서 있으니
부용산 저 멀리엔 하늘만 푸르러 푸르러

'돌아서지 못한 채 나 외로이 예 서 있으니' 이 대목에 이르러선 30분 동안이나 책상에 엎드려 흐느꼈다는 박기동 시인!

지나간 50년 세월과 스쳐 간 사람들에 대한 그리움이 강물 되어 넘쳐 흘렀으리라.

숱한 사연과 함께 베일에 가려져 있던 부용산이 이제 조금씩 조금씩 우리 곁으로 다가오고 있다.

그러나 작곡가 안성현은 그 어디에서도 만날 수 없었다. 안타까울 따름이다. 안성현 선생을 찾기 위해 국내는 물론 미국 일본 등 수많은 경로를 통해 수소문했지만 행방조차 알 수 없었다. 무용가 최승희가 북한은 예술가들의 천국이라며 월북을 권유했고 그 후 북한에서 국립교향악단장을 지냈다는 얘기만 막연히 전해져 내려올 뿐 확인할 길은 없다. 최승희의 남편 안막의 조카라는 설도 있으나 죽산 안씨 대종회 확인 결과 족보 그 어디에도 나타나 있지 않다. 그러나 그는 11곡의 주옥같은 선율이 담긴 안성현 작곡집을 남겼다. 사람은 가고 없어도 그가 남긴 예술혼은 고스란히 오늘에 전해오고 있어 그나마 다행스러운 일이다.

안성현은 작곡집 뒷말에서 이렇게 얘기하고 있다. '어떻게 해서 젊은 학생들의 불타오르는 음악열에 알맞은 곡을 만들어 주나 하는 것이 해방 후 오늘까지의 나의 과제이었습니다. 나는 그 과제를 혼자 가슴에 품고 남모르는 괴로움을 겪어 왔습니다. 이제 이 조그마한 하잘것없는 작곡집은 그런 가운데에서 하나하나 만들어진 것입니다. 그러나 이것이 그네들의 뜨거운 요청에 어느 정도의 만족을 줄 수가 있을까를 은근히 두려워하는 바이외다. 다행히 이 길에 밝으신 여러 선생님의 따뜻한 가르침을 주신다면 매우 고맙겠습니다.'

1999년 5월 29일, 목포의 한 레스토랑에서는 이색적인 음악회가 열렸다. 부용산 부르기대회! 52년 전 목포에서 함께 공부했던 여학생, 남학생이 이제 할머니 할아버지가 돼 함께 부용산을 노래한 것이다. 오릿길이 이렇게 멀지 몰랐다며 손과 손을 맞잡고 부용산을 합창했다.

김정희 학생의 1년 선배였던 항도여중 1회 졸업생들, 50년 세월이 훌쩍 지났지만 그들은 아직도 17세 소녀였다. 이 자리에서는 세계적인 리릭 소프라노 송광선 교수에 의해 실로 51년 만에 부용산의 2절이 불리기도 했다.

한국예술종합학교 음악원 성악과 송광선 교수는, "제가 이 노래를 처음 만났을 때는 악보도 사실 전혀 정돈된 게 아니고 그래서 많이 고민했어요. 왜냐하면 음악가들은 악보를 보면서 자꾸 피부로 접촉하면서 일상생활에서 느낌이 와야 하는데 이미 50년 전에 작곡이 돼 그 정서나 흐름이 처음에는 와닿지 않았는데 이 곡을 자꾸 매만지고 어루만지고 가슴으로 느끼려고 노력하고 그 시대로 돌아가면서 피부로 많이 접촉하고, 그리고 이 노래를 우리 가곡풍으로 불러봤더니 정서적으로 우리 한국 정서에 맞는 노래라는 느낌이 왔습니다. 그래서 굉장히 뜨겁고 또 어떻게 보면 굉장히 서정적이고 저에게 공부가 많이 된 노래여서 나름 이 곡에 심혈을 기울였고 공부를 많이 한 곳이었어요. 제 열정이 포함돼 있고 정이 많이 간 노래였어요."

부용산이 작사 작곡돼 50년이 지난 지금까지도 부용산이 탄생하게 된 배경을 두고 의견이 분분하다. 목포와 벌교에서는 부용산 노래비 제막을 각각 준비 중이라는 소식도 들린다. 모두가 고향을 사랑하는 마음에서 이런 운동을 펼치고 있으리라.

부용산 부르기대회를 마련한 연극인 김성옥 선생은, "이 작품이 가지고 있는 서정성에 매료돼 모든 것이 바쁘고 급박하게 돌아가는 시대에 이런 서정성 깃들여져 있는 작품이 많이 불리는 것이 국민 정서상으로도 좋지 않겠느냐 하는 생각에서 이번 대회는 출발했습니다."

1절이 작사 된 후 반세기가 지난 지금에 이르러 비로소 2절 짝을 찾은 부용산, 최근 그 부용산에 대한 소유권 주장도 흥미롭다. 벌교에 부용산이 있고 그곳에서 노랫말이 지어졌으니 벌교의 노래라고 주장하는 사람이 있는가 하면, 목포에서 노래가 만들어지고 처음 불리기 시작했으니 목포의 노래라고 얘기하는 사람도 있다.

그렇다. 부용산은 벌교의 노래이자 목포의 노래다. 부용산에는 벌교의 제망매가설과 목포의 애제자설이 절묘하게 어우러져 있다. 두 지역이 서로 만나 하나가 된 우리들의 노래 부용산! 남도땅 곳곳에서 불려 왔으니 우리 모두의 노래이기도 하다. 이제 우리들의 노래 부용산은 전 국민이 함께 부르는 국민의 노래로 부활할 날을 기다리고 있다. 그리고 그날은 꼭 올 것이다.

다순구미 사람들

(목포 온금동을 다시 찾은 2025년 6월. 온금동 남자경로당에서 1987년 영지호 침몰 당시의 사정을 잘 아신다는 김길곤(1949년생) 어르신을 만났는데, 당일 영지호(선주 송광호) 사무장으로 임시 승선키로 했으나 사정이 생겨 배를 타지 않아 화를 면하게 됐다며 가슴을 쓸어내린다. 그리고 당시 침몰된 영지호는 오징어잡이 어선이 아니고 은복잡이 채낚기 어선이었으며 완도항에서 출항했다고 증언한다. 지금, 온금동엔 주민들이 사는 집들보다는 빈집들이 많아 보였다. 산제당 터도 무성한 잡풀에 가려 흔적조차 찾기 어려웠다. 다큐 제작 과정에서 인터뷰(박종열)와 구전민요 등을 구성지게 불러주셨던 온금동 주민들, 곽유금(둥달이타령, 흥타령), 김재배(당산굿 사설), 박종빈(그물 싣는 소리, 놋소리), 박성심(육자배기), 김연례(육자배기) 어르신도 모두 세상을 떠났다. 이번에 수필로 재구성하면서 온금동 관련 시조를 행갈이 없이 다큐에 추가했음을 밝힌다.)

골목길 따라가 사연을 들으니
조금날 만나서 사랑을 했지만
바닷길 나간 님 불귀의 객 되어
홀로된 여인들 아프게 사는 곳
제삿날 같아서 슬프게 우는 곳
산제당 산신제 무속의 원시림
풍장굿 당산굿 민속의 보물섬
바다가 보이는 그곳은 온금동.
목포의 역사가 살아서 빛나는
해안가 달동네 서산동 옆 동네
다도해 지나온 여객선 뱃고동
맨 처음 반기는 째보항 선창가
봄바람 갈바람 물빛이 좋은 곳
용머리 돌아서 바다로 가는 길
갈매기 날다가 눈길을 주는 곳
고하도 보이는 그곳은 온금동.
세월은 바뀌어 미래가 있는 곳
문화가 숨 쉬는 목포의 첫 동네
마을의 서정이 꿈으로 피어나
달빛이 머물다 조용히 지는 곳
별빛이 흐르다 슬며시 사라져
그리움 스치고 노을빛 감도는
갯바람 맞바람 대반동 가는 길

유달산 보이는 그곳은 온금동

  －유헌, 「온금동 서설(序設)」 전문

목포의 눈물은 아직 마르지 않았는가. 비릿한 갯바람과 낡은 슬라브 건물의 추레한 모습만이 목포가 오래된 항구임을 말해 주는데…. 온금동 사람들은 유달산 산턱 아래 고하도 앞바다를 굽어보며 그곳 아리랑 고개만큼이나 가파르게 산새가 둥지를 틀듯 옹기종기 모여 살고 있다.

그곳 해안가 사람들의 숙명 같은 것이었을까. 온금동 사람들은 일찍부터 노동요 등의 민속을 늘 읊조리며 살았고, 산제(山祭) 등 무속을 받들며 한해의 풍어와 안전을 기원했다. 그 온금동의 어제, 그 오래된 시간 속으로 잠시 들어가 보자.

목포항 여객선 터미널에서 해변을 따라 1킬로미터쯤 걷다 보면 물컹한 갯내음과 그물 짜는 여인들의 검게 탄 얼굴이 무심한 듯 먼저 반긴다. 여기저기 얼룩진 황토색 건물도 시야에 들어온다. 조선 내화 공장이다.

유달산 쪽으로 살짝 고개를 돌려 올려다보면 산자락 비탈진 곳에 사진첩에서 자주 본 듯한 자그만 달동네가 빛바랜 그림처럼 걸려 있다. 따닥따닥 몸을 기댄 낡은 집들처럼 서로가 서로에게 의지하며 살아가는 사람들, 바다를 터전으로 삼아 살아가는 온금동 사람들이다. 순우리말로는 다순구미이다.

   향토사학자 이생연 선생은, "유달산 줄기가 남으로 흐르다가 온금동에 이르러 한 자락이 서산동 쪽으로 나가고 또 한 자락은 온금동 남서쪽으로 뻗어나간 골짜기에 자리 잡고 있습니다. 풍수를 아는 사람들의 이야기를 들으면 온금동의 지형은 사람이 모여 살기에 아주 좋은 좌청룡 우백호가 분명한 길지라는 것입니다."

> 갯물을 뛰쳐나온 날것 같은 사내가
> 구부러진 골목길을 당겼다 풀어놓자
> 해조음 뒷걸음치며 바다로 돌아가고.
> 섬처럼 엎드린 달동네가 들썩이자
> 산턱의 조각달이 귀 쫑긋 세우는 밤
> 하나둘 불 훅, 꺼진다 지붕 낮은 집마다.
>
>   –유헌, 「온금동의 조금」 전문

   이렇듯 온금동 남자들의 상당수는 배를 탄다. 바다가 그들의 일터였다. 물이 들면 바다로 배를 몰고, 물이 빠지면 귀가를 서두른다. 배에 가득가득 생선을 싣고 뱃고동 울리며 들어올 때도 있고 잡어 몇 마리 건져 올려 힘이 빠지는 날도 있다. 그래도 뱃머리를 돌려 집으로 돌아올 땐 가족들 얼굴이 삼삼해 콧노래가 절로 났다.

달동네 지붕 위로 조각달 떠오르자, 인력(引力)에 몸 맡긴 채
속옷을 벗는 바다, 한 사리 배를 탄 사내 귀가를 서두른다. 굽이
치는 고샅길 끝 납작 엎드린 집, 열린 창문 너머의 까치놀도 스
러지고, 애저녁 달그림자가 출렁이는 단칸방. 꽃물 든 회포 자
락 엿보던 새벽달이, 당겼던 갈맷빛 바다 시나브로 풀어놓자,
사내는 그물을 던져, 집 한 채를 짓는다.

-유헌, 「온금동의 달」 전문

조금 때 들어와 집에서 보낸 그 며칠의 꽃물 든 회포 자락을 털고 사내가 다시 바다로 나가 그물을 던져 지은 집은 세상 어느 빌딩보다도 귀하고 높은 가족의 보금자리였으리. 그물을 친 바다는 온금동 남자들의 치열한 삶의 현장이고 그물로 건져 올린 날것들은 그들의 희망이었으리. 그래서 온금동 사람들은 생사를 넘나드는 거친 파도와 싸우면서도 꿈을 잃지 않고 살아왔으리.

목포대학교 고고인류학과 윤형숙 교수는, "온금동의 특색을 하나 꼽는다면 일부 가난하게 살지만 동네 사람들의 인심이 아주 좋습니다. 외부에서 볼 때는 온금동이 가난한 동네라고 말하지만 자신들의 마을이 굉장히 살기 좋은 곳으로 인식하고 있다는 것입니다."

바다에서 나올 때 가장 먼저 닿는 곳, 목포의 얼굴 같은 동네

다순구미. 그 옛날 온금동 앞쪽에 배를 댈 수 있는 조그마한 만(彎)이 있었는데 당시 부두 시설을 하면서 삼면을 막고 한 면만을 열어놓아 그곳은 '째보선창'이라 불리게 됐다.

선창을 바로 동네 앞에 끼고 있어 한때는 술집이 불야성을 이뤘던 곳, 목포의 시발점이자 항구 역할을 톡톡히 해냈던 동네. 하지만 째보선창 터는 75년 매립돼 지금은 흔적조차 찾을 수 없으며, 다순구미는 서산동과 함께 목포의 대표적인 달동네로 전락했다.

> 비릿한 바람 한 톨 바닷새 등을 타고, 조금날 물때 맞춰 뱃고동 넘어올 때, 저물녘 까치놀처럼 붉어지는 눈시울. 달포 해포 기다려온 그리움이 병이 됐나, 조각달 뜨는 저녁 먹빛으로 저물어도, 어둠을 퍼 올리는 술잔, 하얗게 부서진다. 동트는 선착장에 찬바람이 바장인다. 만나자 이별하는 갈쌍갈쌍한 눈동자여, 한사리 차오른 달빛, 이우는 날 또 오겠지.
>
> -유헌, 「째보선창」 전문

바다와 가까워 '올뫼나루'로도 불린 온금동, 온금동 사람들은 달이 차고 이우는 모습을 늘 바라보며 살아간다. 만조, 간조에 맞춰 바다에 나가고, 또 바다에서 나오는 삶을 되풀이하며 꿈을 키워간다. 어업으로 자신과 가족의 생계를 꾸려나가는 사람들이 그만큼 많아 바다를 떼어놓고 다순구미를 이야기하기는 어렵다.

 특히 조업에 나가는 날짜가 같아 불의의 사고로 바다에서 떼죽음을 당한 적도 있었기 때문에 한때 홀로 된 여인들이 많았고, 제삿날엔 온 동네가 모두 슬픔에 젖는 등 그들만의 아픈 과거도 갖고 있다.

 1987년 2월 27일 자정 무렵, 오징어잡이 어선 영지호가 침몰해 선원 34명이 모두 실종됐다는 비보가 온금동에 날아든 날, 마을 전체는 온통 울음바다였다. 34명 전원 몰살이라는 큰 사고였다. 시신조차 찾지 못해 안타까움은 더했다. 육신은 바다에 빼앗기고 혼만 건져 제사를 지냈다. 그리고 그들은 그 후로도 오랫동안 같은 날 제사를 지내는 아픈 기억과 함께 살아야 했다.

 그때의 아픈 기억을 마을 주민 박종열 씨는 이렇게 회상한다. "산제당을 철거하고 난 후 동네에서 많은 남자들이 죽었습니다. 그 후 또 영지호가 침몰했다고 하니까 온 동네가 그야말로 울음바다가 돼 버렸습니다. 젊은 선원들을 한꺼번에 수장시켜 버렸으니까 동네가 큰 슬픔에 잠겼던 것이지요. 많은 사람들이 죽고 보니까 얼른 든 생각이 산제당을 철거해서 그런 거구나…. 저 아래 끝에 가보면 유가족들이 많습니다. 일부는 동네를 떠나고, 제사를 지내도 하룻저녁에 다 같이 지냅니다."

같은 처지의 사람들이라서 그럴까. 다순구미 사람들은 특히 정이 많다. 홀로된 여인들끼리 계모임도 하고 모여서 음식도 나눠 먹으며 서로 돕고 살았다. 사실 고만고만한 아이들을 데리고 가장이 돼 살아가기란 쉬운 일이 아니었을 것이다. 그땐 정말 '물만 보면 징하다'고 하는 여인들도 많았다. 남편을 묻은 바다이기에 그랬을 것이다.

영지호 사고로 남편을 잃은 곽유금 여인, 그녀는 먼바다를 바라보며 지난 시절을 회고한다. "온금동 여기 와서 정말 말도 못 하게 고생하고, 안 해본 일 없이 다 해 봤지요. 김도 댕겨보고, 톳도 몰리고, 미역도 따보고, 그물도 손질하고, 노동 일이라면 안 해본 것이 없어요. 힘들었지만 형제간에도 의지하지 않고 이웃 사람들한테 의지하고 살았어요. 나는 부모도 보냈고, 형제들도 보냈고, 물만 보면 징하다는 그런 생각이 들어서, 남편이 바다에서 죽어서 물만 보면 무섭데요. 어서 가자 어서 가자 물 보기 싫으니까 어서 가자… 그러는데도 아직 못 떠나고 있네요."

골목길이 끝나는 곳 모서리로 사는 집들, 여인네의 야윈 눈길 먼바다를 훑고 있다, 뒤집힌 기억 그 이후, 못다 부른 음표 한 줄. 흘린 피 되질하면 일만 동이 다 채우리, 제삿날 같은 집들, 낱장 같은 지난 시간, 수천 코 얽힌 그물에 인연들이 다 걸린다.

-유헌, 「다순구미의 비가」 전문

그런 연유 때문인지 유달산 자락 다순구미에는 5백여 년 전부터 동제의 일종인 산제가 전해 내려오고 있다. 마을 위쪽 산제당에서 주민들의 안녕과 바다로 나가는 선원들의 안전과 풍어를 기원하며 정월 보름에 지내는 일종의 의식이었다. 이물이라 불리는 음식을 차려놓고 유달산 산신과 먼바다의 용왕님께 소원을 빌고 나서 동네 사람들끼리 음복을 했다. 한바탕 하루를 즐기며 고단함을 잊었다.

산제에 대한 다순구미 사람들의 애정은 각별했다. 이들은 산제당이 강제 철거되던 날을 바로 어제 일처럼 생생하게 기억하고 있다. 미신 타파라는 명분을 내세워 78년 산제당이 강제 철거됐고 그 후 마을 주민들이 쌀과 돈을 조금씩 모아 산제당을 복원했지만 행정당국은 공원 지역이라는 이유로 다시 철거해 버렸다. 문제는 바로 그 일로 신령님의 노여움을 사 마을 사람들이 까닭 없이 자주 죽어간다고 주민들이 믿는 데 있었다.

유달산 자락 아래 바다를 바라보며 마을을 굽어보듯 널찍하게 자리 잡은 산제당 터. 바닷사람이 많이 살아서일까. 다순구미에는 지금도 산제당 터가 그대로 남아 있다. 규모는 작아졌지만 산제는 여전히 계속되고 있다.

목포 해양대학교 이준곤 교수가 말하는 다순구미 산제에 대해 들어보자. "그곳에 제당이 있다는 것은 다순구미의 역사가 우리가 생각하는 것보다 훨씬 깊었으리라고 추정할 수 있습니다. 제당이라는 것은 그 마을 주민들의 공통되고 일치된 의식과 제사를 위한 조직이 있어야 하기 때문에 이런 공동체 의식을 가지고 있는 마을은 최근 짧은 기간에 이뤄질 수 있는 성질의 것이 아니고 오랜 역사를 가지고 있어야 가능하므로 다순구미의 산제당은 다순구미의 오랜 역사를 의미합니다. 그리고 다순구미의 지형적인 위치로 봐서도 영산강이 서해안으로 빠져나가는 다시 말해서 서해안과 영산강이 만나는 지점이라는 이런 지리적인 특성으로 봐 바로 그곳이 분명히 성역의 공간이 될 수 있는 충분한 요건을 갖추고 있다는 겁니다."

한국의 산제는 일반적으로 이중구조로 되어 있어서 상당과 하당으로 나누어져 제를 모신다. 해안지역의 제(祭)에서 상당은 산신을, 하당은 해신을 모시는 경우가 일반적인데 다순구미의 산제는 유달산 자락 마을이라서 그런지 유달산신을 중심으로 산제가 이뤄지고 있다.

다순구미의 산제는 주로 정월 보름에 지낸다. 산제를 모실 때 농악대가 앞장서 동네 사람들을 풍장굿으로 불러 모은 다음 농악 소리에 맞추어 사람들이 열을 지어 따라가는 데 길을 가며 풍물을 친다고 하여 이를 길놀이라 부른다.

이어서 농악을 치며 산제당으로 가서 산제당을 에워싸는 형태로 도열한 후 제를 지낼 땅의 흉측한 잡귀들이 땅속으로 쑥쑥 들어가 나오지 말라는 뜻으로 지신밟기를 한다. 지신밟기가 끝나면 동네 청년이 "자아, 산신령을 모시러 가세!"하고 외친다. 그리고 산신령을 모시는 굿을 한다. 굿이 끝나면 향을 피우고 술을 모래 위에 붓는 강신례를 한다.

굿판이 끝나면 피리나 대금을 불며 산신령의 영정을 모시고 제당으로 향한다. 제당에 영정이 모셔지면 당굿이 시작된다. 당산굿이 끝나면 바로 제사가 시작되는데 이때의 소리는 대금이나 아쟁이 담당한다. 마을 어른들이 차례로 잔을 올리고 소지(燒指)를 한다. 소지란 소원을 빌며 종이를 태우는 의식이다. 동네 분 중에 한(恨)이 많은 사람도 나와서 자신의 소원과 마을의 안녕을 빌며 소지를 한다. 그렇게 산제는 끝이 난다.

    산이 된 어미 새가 알을 품듯 끌어안아, 비탈길 언덕 아래 등 기대고 사는 집들, 양철집 창문 너머로 새소리가 들린다. 골목길 따라가는 속 깊은 이야기들, 하루해만큼이나 짧거나 길어지고, 저물녘 둥지를 찾아 고단한 깃 접고 있다. 집들은 멈춰있고 길들은 걸어간다, 불빛 같은 눈 맞추며 둥글게 살아가는, 달동네 지붕 아래로, 휘어지는 그믐 달빛.

                                          -유헌, 「온금동 이야기」 전문

뱃사람이 많고 제삿날이 같고 홀로된 여인들이 많아 여자 혼자 생계를 꾸려나가는 세대가 유달리 많은 다순구미. 눈물 많고 정 많고 흥이 많아 한숨과 눈물을 단순히 흘려보내기보다는 그물 싣는 노래나 노 젓는 노래, 타령과 육자배기 가락을 통해 생과 사를 초월하는 달관으로 생을 녹여놓는 사람들, 온 금동 사람들.

그래서 이곳에는 산제 등 무속 외에도 여러 민요가 전해져 오고 있다. 동네 주민인 박종빈, 곽유금, 박성심 어르신 등이 특히 소리를 잘하셨는데, 여기엔 부모와 처자를 먹여 살리겠다는 간절한 희망이 들어 있다. 선원들 모두가 목욕 재개하고 선주가 조업이 잘되라고 선원들에게 술을 따라주면서 부르는 노래이기도 하다.

그들은 말한다. "뱃놈은 소리가 날개여."라고. 이들에게 술과 노래는 그냥 술이 아니고, 그냥 노래가 아니었다. 뱃일이 힘들고 두고 온 가족 생각에 몸을 가누기조차 힘들 때 처방되는 묘약이었다. 술과 노래의 힘으로 고된 현실을 이기고자 한 처절한 몸짓이었다.

다순구미에 전해 내려오는 민요에 대해 민속학자인 목포대학교 나승만 교수는, "다순구미에 가면 지금도 민요를 들을 수 있습니다. 다른 지역에서는 이미 사라져버린 노래들이죠. 상여소리, 강강수월래, 아리랑타령, 육자배기 등 흔히 부르는 노래들입니다. 장난기가 일면 아리랑타령, 공알타령, 청춘가를 부릅니다. 이런 노래를 부르면 사람들이 한바탕 웃고 춤추고 아주 야단법석이 납니다. 서로 어우러져 흥겹게 놀지요. 죽은 사람들을 위해서도 노래해요. 죽은 남편을 위해 부르는 노래는 마음으로부터, 영혼으로부터 솟아나는 노래라고 하겠지요, 그런 노래를 들으면 정말 마음이 숙연해집니다."

노 젓기 노래는 일종의 노동요이다. 노래 자체의 즐거움보다는 배의 진행을 위해 맞추는 장단, 노동의 힘겨움을 덜기 위한 구령 같은 것이었다. 바다와 바람에 대한 두려움에서 벗어나기 위한 몸부림 같은 것이었다. 이 소리에는 어서서 집에 가서 밥도 먹고 술도 먹고 새끼들도 보고 싶다는 희망과 가고 싶어도 갈 수 없는 절망이 뒤섞여 있다.

김연례, 곽유금 어르신 등의 온금동 육자배기 가락에는 애절한 내용이 많다. 마을 여인네들이 모이면 육자배기 가락 한두 소절쯤 흥얼거리는 것을 예사로 여기니 말이다. 북망산천 가신 님을 그리며, 노랑 저고리 앞섶에 흐르는 눈물을 닦으며 가슴으로 노래를 부른다. 우리 여인네들의 한과 슬픔이 이 노래에 절절히 녹아들어 일종의 체질이 된 것은 아닐까. 그 때문인지 온금동의 육자배기 가사는 유달리 서정적이다.

이처럼 다순구미 사람들은 소박하다. 자신의 감정을 숨기지 않고 그대로 표출한다. 온금동 뒷산에 남녀의 생식기를 그대로 사용한 바위 이름이 있는가 하면 '샛서방 바위' 같은 원시적인 언어들도 많다. 또 작은 흙구덕, 큰샘거리, 애기 바위 등의 순우리말 이름이 그대로 보존되고 있는 곳이 온금동이다. 그런 건강한 생명력 때문에 다순구미 사람들은 슬픔을 단순히 슬픔으로만 인식하지 않고 서로 어울려서 나누고 해학적으로 풀어냈을 것이다.

목포대학교 나승만 교수는 다순구미 사람들에게 있어서 민요와 무속은 이런 의미가 있다고 말한다. "다순구미 사람들은 고난에 처했을 때 또 마음이 크게 감동했을 때 저절로 노래를 부릅니다. 그 노래는 사람들의 마음, 영혼을 움직이지요. 사람들의 마음을 끌어들입니다. 그리고 힘을 합해 그 고난을 넘어선다고 할 수 있습니다. 민요가 사라져 버린 시대에 아직도 민요의 숨결을 느낄 수 있는 곳, 또 무속이 사라져가는 시대에 민속신앙의 숨결을 느낄 수 있는 곳이 바로 온금동이라고 할 수 있습니다."

이제 그때 그 배를 탔던 사람들은 다순구미에 없다. 그러나 산신을 향한 온금동 사람들의 마음은 예나 지금이나 변함이 없다. 그곳이 산제당 터였음을 증언하는 흙벽돌 잔해들이 아직도 그대로 남아 산제당 복원을 바라는 주민들의 기대를 엿

볼 수 있으니 말이다. 그러나 어쩌랴. 마을 여자노인정에 초라하게 모셔져 있는 산제당 산신의 모습에서 세월의 무상함을 느낄 수밖에 없는 것을.

다순구미에는 이칠선이라는 유명한 당골네가 있었다 하나 지금은 세상을 떠났고 점집만 몇몇 남아 있다. 미신으로 치부해 버리기에는 너무도 소중한 우리의 민속이 하나둘 사라지고 민요 등을 전수하고 있는 노인들의 기억조차 점차 희미해져가고 있다. 이제 그 노인들이 모두 세상을 떠나고 나면 어느 누가 우리의 소중한 민속을 후대에 전할 것인가.

뱃사람이 많고 제삿날이 같고 홀로된 연인들이 많아 여자 혼자 생계를 꾸려나가는 가구가 유달리 많은 다순구미. 눈물 많고 정 많고 그러면서도 한숨과 눈물을 그저 단순히 흘려보내기보다는 그물 싣는 노래나, 노 젓는 노래. 타령과 육자배기 가락을 통해 생과 사를 초월하는 달관으로 생을 녹여놓는 사람들.

그러나 그 옛날 올뫼나루터는 매립되고 없다. 마을은 지금도 여전히 게딱지처럼 좁은 골목길에 다닥다닥 붙어 쓸쓸함을 더해준다. 높은 담장으로 둘러싸인 조선내화의 을씨년스러운 모습만이 한때 번성했던 다순구미의 선창터를 대변하고 있을 뿐이다.

그 시절 '나루'터가 '공장'이 되어 마을의 모습 자체를 바꾸어 버렸듯이 온금동의 지금은 '다순구미'만의 문제가 아니라 목포, 아니 이 나라 전체의 사라져가는 것들에 대한 눈물겨운 애착일 것이다. 목포의 눈물이 눈물로서만 끝나서는 안 되듯이 다순구미의 슬픔 또한 더 이상 슬픔으로서만 끝나서는 안 될 것이다.

다시 부르는 노래, 가거도

(다큐멘터리 '다시 부르는 노래, 가거도'는 신안 가거도멸치 잡이배제작기술 보유자인 조선장(造船匠) 조일옥 도편수의 가거도 전통배 복원과정 50일의 현장 기록과 망망대해 가거도에 전해 내려오는 민요 등을 채록한 작품이다. 다큐의 생생한 영상과 거친 파도처럼 위태로운 삶의 현장에서 섬 주민들이 노래한 다양한 민요 등이 빠진 수필로 재구성해 아쉽지만 우리가 보존해야 할 전통으로서 가치가 있다고 판단해 글로 옮겨 싣는다.)

뱃길은 멀고도 험했다. 거기, 눈물처럼 떠 있는 섬이 하나 있다. 아득한 옛날, 언제부턴가 그 섬에 사람들이 살기 시작했다. 그리고 사람들은 노래를 지어 불렀다. 고달픈 삶을 잊기 위해, 노동의 고통을 덜기 위해….

아무리 둘러봐도 하늘과 바다뿐, 망망대해. 우리 선조들은 이 외로운 바닷길을 어떻게 건넜을까. 가거도 남자들은 열너

댓 살이면 배를 탄다. 멸치잡이가 생업이었다면 배는 아마도 그들의 생명이었고, 노래 또한 가거도 사람들에겐 운명과도 같은 것이었리.

가거도는 목포에서 직선거리로 약 140킬로미터 떨어진 우리나라 최서남단의 외딴섬이다. 가거도를 처음 찾는 사람들은 용의 모습을 하고 있는 회룡산을 먼저 만나게 된다. 마주 보이는 회룡산 꼭대기 선녀봉에는 용의 아들이 선녀와 놀다가 용왕으로부터 버림받았다는 슬픈 전설이 있어 찾는 이들의 눈길을 머물게 한다. 가거도는 모두 3개 마을 205가구의 주민으로 구성돼 있는데 그중 70%가 대리 마을에 살고 있다.

가거도 항리로 올라가는 계단은 가파르다. 항리에 사는 주민 수는 70여 명, 섬 전체가 산으로 이뤄져 그곳으로 가려면 꼭 이 계단을 지나야 한다. 최근에는 목포에서 가거도까지 직항로가 개설돼 예전에 비해 가거도 가는 길이 훨씬 편해졌다.

가거도의 역사는 깊다. 신석기 시대의 흔적인 조개무덤과 빗살무늬 토기가 가거도의 오랜 시간을 말해주고 있다. 가거도는 한때 소흑산도라고도 했지만 828년 신라의 장보고가 '사람이 가히(可) 살 수 있다(居)'라고 해서 가거도라 이름 붙였다는 이야기가 있다.

> 거친 파도로 집을 지어 물 담을 높이 치고
> 등댓불처럼 흔들리며 눈물처럼 떠 있는 섬
> 그 섬에 사람이 사네, 등 기대며 살아가네
>
> -유헌 「가거도(可居島)」 전문

　가거도 여성들의 삶은 남자들과 대등한 노동에서 비롯된다. 따라서 그들의 삶은 팍팍했다. 가거도 여인들은 모두가 푸른 바다를 농토 삼아 부지런히 생을 일군다. 가거도 주민들은 특산물인 후박나무 껍질을 채취해 한약재로 팔아 높은 소득을 올리기도 한다.

　멸치잡이와 낚시 등의 수산업, 관광 수입도 큰 몫을 차지하고 있다. 문득, 한가로운 염소 울음소리가 지나가는 이의 발걸음을 멈추게 하는 곳, 비탈로 이루어진 지형이라 염소는 산에 방목한다. 가거도의 명물 흑비둘기가 자유롭게 비상을 꿈꾸는 곳, 어쩌면 이곳은 자연이 살기에 좋은 땅인지도 모른다.

　죽음과 가까이, 언제 찾아올지 모르는 죽음을 친구처럼 받아들여야만 하는 섬사람들, 섬에서 무속이 발달한 것은 어쩌면 당연하다. 뱃고사도 그 한 가지. 섬사람들은 자연의 섭리를 두려워하고 외경심을 가진다. 바다에 나가기 전 '해동국 전라남도 흑산면 가거도리 모씨 성관 일덕 좋고 수덕 좋은 일진을 택하여 사해 용왕님과 산신님께 삼가 고사를 바치옵고 비옵니다.'로 시작해 '열두 동무가 멸치 비늘로 옷을 입게 해주소서'로 끝나는 고사문의 축원, 재배와 고수레를 한 뒤에 출어를 한다.

가거도에선 멸치잡이가 중요하다. '멸치 비늘로 옷을 입게 하옵소서', 얼마나 간절한 염원인가. 그 멸치 떼를 찾아 나설 때 부르는 놋소리, 출항 전에 멸치 떼를 찾아 섬 주위를 돌면서 구슬프게 부르는 노래가 놋소리이다. 섬이 언제부턴가 거기 있었듯이 노래도 언제부턴가 비명처럼 절규처럼 그곳에서 불렸을 것이다. 선소리는 당기고 뒷소리는 받는다. 놋소리는 배의 구조와 관련이 있다. 선소리꾼이 기세 좋게 노를 당기면서 소리를 메기면 뒷소리는 그 소리를 받는다.

멸치잡이 노래의 종류와 특징에 대해 민속학자인 목포대학교 나승만 교수는, "가거도 멸치잡이 노래는 놋소리, 멸치모는 소리, 술비소리, 역수타는소리, 풍장소리 등 일의 전 과정에 걸쳐 노래가 있습니다. 특히 가거도 멸치잡이 노래의 특징은 메기고 받는소리가 서로 물고 넘어간다고 하는 그런 특징이 있겠고, 또 하나는 샛소리라고 하는 게 있습니다. 메기고 받는 소리를 감싸면서 이 샛소리가 이어집니다. 이 노래가 메기는 소리와 받는 소리, 샛소리의 3중창으로 이어짐으로써 아주 절묘한 코러스를 형성하고 이것이 또 남도민요의 시나위 가락에 아주 전형을 보여주는 소리라고 할 수 있겠습니다."

가거도멸치잡이 소리는 세 사람이 함께하는 남성 코러스처럼 장중하고 감칠맛이 있다. 육지와 멀리 떨어질수록 한이 더 쌓이는 걸까. 한은 또 애절한 소리로 남는 걸까. 이 놋소리에는 고기를 잡으러 가는 뱃사람들의 고뇌가 절절히 스며 있다. 마치 상엿소리를 연상시키는 이 가락은 사람의 마음을 뒤흔든다. 돌아오지 못할지도 모른다는 공포와 불안이 노래에 섞여 바다에 녹아든다. 가거도 뱃노래는 남성적이며 힘이 넘친다. 이 멸치잡이 노래가 전라남도 무형문화재 22호로 지정된 것도 어쩌면은 당연한 일이다.

가거도 사람들의 주업은 멸치잡이다. 매년 6월부터 9월 사이에 조업이 이루어진다. 주로 밤 9시부터 새벽 4시 사이에 멸치잡이를 나간다. 이곳에서는 멸치를 '멸'이라고 부른다. 가거도의 멸치는 크고 기름이 많아 주로 젓갈을 담는다. 영양이 풍부하면서도 쌉싸름하고 그윽한 맛을 내는 전라도 김치의 주원료가 바로 멸치젓이다.

가거도 사람들의 멸치 사랑은 남다르다. 밤바다에서 멸치잡이 어선을 보는 일은 축제와도 같다. 횃불을 환히 밝힌 배는 상대방 배를 금방 알아본다. 불을 따라 불나방처럼 날아드는 멸치, 한 마리 멸치는 또 다른 멸치를 부른다. 그물에 걸리는 멸치 떼의 묵직한 손맛, 바람과 파도의 맛, 그 맛에 선원들은 고통을 잊는다.

멸치는 빛과 따뜻한 물을 좋아한다. 예전 전통 한선에서는 배에서 스스로 불을 밝혔다고 한다. 멸치를 잡아 배에 퍼 실을 때 하는 소리를 술배소리라고 하는데, 술배소리는 '그물 터진다. 그만 질러라, 어서 퍼 싣고 싸게 밖으로 나가자'라는 말로 시작된다. 반중중머리 6박자인 이 노래 역시 사뭇 구슬프다.

긴 뱃노래도 있다. 이 노래는 마을 앞바다로 왔을 때 만선을 사람들에게 알리면서 부르는 소리다. 멸치를 잡지 못한 배는 노래를 부를 수 없다. 마을 사람들은 이 긴 뱃노래를 듣고 누구네 배란 것을 알게 된다. 곧 풍장소리로 이어진다. 꽹과리와 징 소리가 빨라진다. 풍장소리는 만선의 기쁨을 빠른 가락으로 노래한다. 드디어 죽음의 어두운 터널에서 삶의 뭍에 도달한 것이다.

가거도 내연발전소장인 최호길 씨!, 그는 중앙대 전신인 서라벌예술대학 연극영화과에서 공부한 다소 특이한 이력의 소유자다. 그가 바로 멸치잡이 노래 전승에 중요한 역할을 하고 있다. 가거도 주민 김명후 할아버지는 멸치잡이 노래 기능보유자, 가거도 멸치잡이 노래 선소리를 선창하는 강단지고 구슬픈 목소리의 주인공이 바로 그다. 이들은 고향을 위한 일이라면 무슨 일이든 열심이다.

가거도에 전래된 목선은 하노, 전노, 겹노가 있는 걸레판 선

박이다. 멸치잡이를 하고 오면 원래는 누워서 배의 테두리에 발을 받쳐 배발올리기소리에 맞춰 안전지대까지 끌어올린다. 갑자기 풍랑이 밀려오면 온 마을 사람들이 동원되며 설령 원수지간이라 할지라도 이때는 밧줄을 서로 잡아줘야 한다. 만일 도와주지 않으면 마을에서 추방당할 연대감을 중시한다. 배발올리기소리에서 '이오찬'이라는 말은 중국어로 하나 둘 셋의 힘내기 말이다.

배짓기노래 역시 가거도에 전래된 바다 노래의 하나다. 가거도 사람들은 힘든 일을 할 때마다 '이어야 디야'하는 후렴구를 붙인다. 우리 옛 선인들은 배 위에 걸터앉아 먼 하늘 보름달을 바라보며 무슨 생각을 했을까. 전통 한선은 순풍을 타고 간다. 가거도 남자들은 열댓 살 정도면 도편수라 부르는 뱃사람이 된다. 또 조혼풍습이 있어 열여섯 정도면 결혼을 한다.

가거도 여인들은 좀 특별하다. 망망대해 폐쇄된 섬이라서 결혼도 섬 안에서 한다. 노래로 노동의 고달픔을 잊으려 한다. 도시 사람들이 바다를 낭만으로 볼 때 가거도 여인들은 파도를 일구며 살아간다. 가거도 여인들이 자주 부르는 노래로는 청춘가와 산다이가 있는데, 대부분 섬 여인으로서의 신세 한탄과 사랑을 이야기하는 가사다. 같은 가사도 그 곡조를 달리해 산다이와 청춘가를 부른다. 길게 빼는 소리인 '청춘가'와는 달리, 산다이는 자기 마음에서 우러나서 솔직한 소리라 할 수 있다.

산다이판의 내용이 이처럼 팔자타령과 사랑의 노래가 주종을 이루는 것은 전혀 어색하지 않다. 산다이는 남성들의 멸치잡이 노래와 짝을 이루면서 여성들의 노래를 대표한다. "날 데려가거라 날 데려가거라 돈 없어도 좋은 게, 날만 사랑할 사람아 날 데려가거라."처럼 사랑을 염원하거나, "목포나 목여고 불이나 나거라 너 가고 나 못가니 무슨 소용이 있느냐."라든가, "잠을 자도 가거도, 꿈을 꿔도 가거도, 영원한 가거도 돌고 돌아도 가거도."라 노래하며 살아야 한다는 당위성과 팍팍한 현실 사이에서 갈등을 겪기도 한다.

해녀의 휘파람 소리가 아스라하게 들리는 곳, 가거도에서만 느낄 수 있는 여인네들의 숨결이다. 거친 바닷일을 하는 여인들의 모습은 아름답다. 건강한 생명력이 넘친다. 이 지역은 한류와 난류가 교차하는 지역이라 우리나라 연근해 어업의 황금어장이다. 전복, 소라, 홍합 등 패류도 많이 나온다. 바다 밑은 자연의 보고다.

목포해양문화재연구소 앞 광장, 가거도 전통배 복원 배짓기 40일째, 조일옥 도편수의 노 자르는 톱질노래, 노 자르는 손길이 바쁘다. 섬이면서도 수종이 풍부한 독실산과 회룡산을 끼고 있어 목재를 베 쓱싹쓱싹하면 어느새 배 한 척이 뚝딱 만들어지곤 했다. 예전에는 가거도에서 목포로 나오려면 족히 사오일은 걸렸다. 날씨가 좋지 않은 날은 그 이상이 걸리기도 했다. 보름에 왔네, 달포에 왔네, 하는 말도 심심치 않게 들렸다.

산다이는 갯것이나 후박나무 채취 작업에 따라 달라지는 것이 아니다. 그들의 노동마다 으레 따라다니는 노래, 노래의 만다라다. 여인들은 노래로 자신들의 아픔을 치유한다. 섬의 생리상 여자가 더 적극적이다. 여자가 이렇게 "날 데러 가라고." 남자를 부르면 상대는 이렇게 화답한다. "날 데러 갈려면 어쩌나 했는데, 이 내 몸은 그리하여 못 데러 가겠네." 여자를 데리고 가고 싶어도 못난 신세 때문에 못 데리고 간다는 내용이다. 이처럼 가거도 민요들은 파닥이는 생선처럼 날것 그대로 직설적이다. 가파른 산길만큼이나 그들의 삶은 가파르다. 그러나 그들은 '어야디야' 하는 노래로, 숨결로 고단함을 잊는다.

시대가 변해가듯 가거도에도 지금 변화의 물결이 일고 있다. 멸치잡이 노랫가락이 끊어질 듯 이어져 왔듯이 450여 년 전부터 멸치잡이에 이용된 가거도 멸치잡이배의 옛 모습도 잊힐 듯 오늘에 이어졌다. 그리고 세월이 지나 언젠가는 우리 모두가 이를 아쉽게 회상하게 될 날이 올 것이다. 문화유산의 해를 맞아 이 땅에 사라져가고 있는 우리의 소중한 옛것들을 다시 되짚어봐야 하지 않을까.